Hansjörg Falz, MERIAN-Chefredakteur

Liebe Leserin, lieber Leser,

ich bin mir sicher, dass wir auch in Ihrem Sinne handeln, wenn wir von Heften über Reiseziele, die sich auf anderen Kontinenten befinden, noch eine Weile Abstand nehmen und uns stattdessen Gegenden widmen, die quasi um die Ecke liegen. Wir von MERIAN sind ja seit vielen Jahren davon überzeugt, dass die jetzt als »nah und machbar« beschriebenen Urlaubsregionen schon lange besonders lohnenswert sind. Wie die Eifel. Sie erlebt gerade einen »Run« wie bisher noch nie in ihrer langen, durchaus feurigen Geschichte. Immobilienkäufer aus NRW, heißt es, grasen aktuell den Markt ab und suchen zwischen Aachen, Trier und Koblenz nach Ferien- oder Zweithäusern. Das verstehe ich gut, seit ich das erste Mal dort gewesen bin. Das Faszinierende an dieser Mittelgebirgslandschaft ist das Ergebnis der Eiszeit: erloschene Vulkankegel, Maare genannt, die teils mit Wasser gefüllt sind. Das Hohe Venn an der Grenze zu Belgien, ein Hochmoor, in dem man ganz für sich allein sein kann. Und die schier unendlichen, hügeligen Waldgebiete. Es ist für mich wenig überraschend, dass zwei so prominente Naturliebhaber wie der Tierfilmer Andreas Kieling und der Förster Peter Wohlleben in der Eifel zu Hause sind. Beide haben wir für Interviews besucht. Ein Wochenende, ja selbst eine Urlaubswoche dürfte bei Weitem nicht ausreichen, um alle Wanderwege der Eifel zu erkunden. Wir stellen Ihnen nicht nur die Touren unserer Wahl vor, sondern auch bezaubernde Fachwerkstädtchen wie Monschau, Monreal und Bad Münstereifel. Dort treffen Sie auf typische, bodenständige Eifeler, die sich wenig auf das Privileg einbilden, in einer Region zu leben, die so eine hohe Lebensqualität besitzt.

Herzlich Ihr

Lang ist's her: Im April 1954 erschien die erste MERIAN-Ausgabe über die Eifel

34 Ihre Statik ist so abenteuerlich wie ihre Historie: die fast 900 Jahre alte Burg Eltz

INHALT

78 Beginn einer Legende: beim Großen Preis von Deutschland am 17. Juli 1927 auf dem Nürburgring

Wandern im Hochmoor: Das Hohe Venn zieht sich bis nach Belgien und ist nur eines von vielen Ausflugszielen

Ein Abenteurer in seinem Revier: Naturfilmer Andreas Kieling kennt die Tierwelt der Eifel wie kein anderer

Vulkankrater, dichter Wald, weite Landschaft: Um am Reihenkrater Mosenberg all das ins Bild zu bekommen, stieg Fotograf Dominik Ketz in ein Ultraleichtflugzeug

TOP 10

MERIAN-Redakteurin **Tinka Dippel** brachte dreierlei mit aus der Eifel: eine volle Büchertasche, einen leichten Muskelkater und einen großen Vorsatz: Sie will dort zu Fuß noch viele weitere grandiose Wanderwege erkunden

1 Maare

Stille Wasser sind tief – wenn es Sinnbilder für dieses Sprichwort gibt, dann sind es die teils vor zig Millionen, teils erst vor 10 000 Jahren mit viel Wumms entstandenen Vulkankrater, die sich mit Wasser füllten, fortan Ruhe gaben und zu den »Augen der Eifel« wurden. Es waren mal mehr als 70, zwölf davon sind heute noch Seen. Das größte ist das Meerfelder Maar, das tiefste das Pulvermaar, das außerdem das perfekteste Rund bildet. Mehr zum Thema im Maarmuseum Manderscheid – und ab S. 112.

2 Abtei Maria Laach

Für eine Landschaft sind der Laacher See und seine Umgebung jung (von Vulkanen vor 13 000 Jahren geformt), für ein Kloster ist die Benediktinerabtei Maria Laach im besten Alter, 1093 wurde sie gegründet. Die Abteikirche hat sechs Türme und ist ein selten vollkommenes Schmuckstück der Romanik. Wer so ein Highlight gern für sich hat, wird sich dort schwertun. Wer das Gesamtensemble mit Hotel, Restaurant, Gärtnerei und Hofladen wertschätzen kann, den wird dieser Ort verzaubern. Tipp: Wanderer kommen über den Höhenwanderweg oder den Uferrundweg (14,1 und 8,4 km) und kombinieren Kultur- und Naturerlebnis.

www.maria-laach.de

3 Burg Eltz

Mir fällt keine andere Burg ein, die nach bald 900 Jahren so komplett ist – und so abenteuerlich gebaut wie diese. 20 Kilometer südwestlich von Koblenz steht sie auf einem Felskopf im Flusstal der Elz. Mein Tipp: sich ihr vom »Landhotel Ringelsteiner Mühle« her zu nähern: Der Weg folgt der Elz, bis die Burg nach einer halben Stunde ganz plötzlich vor einem steht – gigantisch, uneinnehmbar und unangreifbar. Mehr zur Burg ab S. 34.

4 Hillesheim

Das Städtchen in der Vulkaneifel ist mehr als 1000 Jahre alt und hat eine normale Kriminalitätsrate. Das muss mal gesagt werden, denn bekannt ist es vor allem als Krimi-Hauptstadt im Krimi-Land Eifel, was nicht zuletzt Ralf Kramp zu verdanken ist, der einen Essay für diese MERIAN-Ausgabe geschrieben hat (S. 30). Er hat mir dort sein Kriminalhaus gezeigt, das er mit viel Liebe und Krimi-Fachwissen eingerichtet hat. Mehr Krimi-Tipps ab S. 106.

5 Nürburgring

Wie hält man einen Mythos wach? Wie kann man das, was der dreimalige Formel-1-Weltmeister Jackie Stewart einst »Grüne Hölle« taufte, erlebbar machen? Die Betreiber von Deutschlands legendärer, in der Eifel gelegener Rennstrecke finden darauf immer wieder neue Antworten. Das »Eifeldorf Grüne Hölle« mit Club und Restaurants halte ich nicht für die geglückteste Anlage. In die bald 100-jährige Geschichte einzutauchen, empfehle ich Ihnen aber sehr: auf einem »Trackwalk Nordschleife« vor Ort – oder ab S. 78 in diesem Heft.

6 Stauseen in der Nordeifel

Sie bilden eine wasserreiche Naturschönheit: die Stauseen, die seit Anfang des 20. Jahrhunderts gut 30 Kilometer südöstlich von Aachen entstanden. Die bekanntesten sind der Urftsee und der Rursee. Nett zum Baden ist der Rursee, toll zum Wandern sind sie beide. Mein Tipp: eine Tagestour auf der 11 Kilometer langen Urftsee-Route, auf der Sie ein Fernglas dabeihaben sollten – und an deren Ende Sie direkt an der 226 Meter langen Staumauer im Lokal »Urfttalsperre« einkehren können. Mehr zur Entstehung des Urftstausees auf S. 76.

www.rursee.de, www.urftseemauer.de

7 Eifel-Literatur-Festival

Charlotte Link, Saša Stanišić, Zsuzsa Bánk und so viele tolle Literaten mehr: Sie alle haben schon dieses Fest der Bücher bereichert. Ins Leben gerufen wurde es durch eine Privatinitiative in Prüm in der Westeifel, zu einem Kulturhighlight

1| Schlängelt sich mehrere Kilometer durch den Nordwesten der Eifel: der Rursee 2| Historische Altstadt und Shopping-Outlet in einem: im Zentrum von Bad Münstereifel 3| Wird auch »Paradies« genannt: das Atrium mit offenen Arkaden aus dem 13. Jahrhundert an der Abteikirche Maria Laach

in der ganzen Region herangewachsen ist es durch viel Herzblut. Einziger Haken: Es findet nur alle zwei Jahre statt – 2021 teils online, 2023 mit Glück wieder live. Trostpflaster: die Basilika St. Salvator in Prüm, die ihre Wurzeln im 8. Jahrhundert hat und pausenlos sehenswert ist.

www.eifel-literatur-festival.de
www.stadtpruem.de

8 Bad Münstereifel

Eine Stadt praktisch zu nennen, ist ja nicht gerade ein Kompliment – in diesem Fall aber genau so gemeint: Bad Münstereifel liegt auf halber Strecke zwischen dem Nationalpark und den Weinhängen der Ahr, ist also ein idealer Ausgangspunkt für Ausflüge. Praktisch ist das Städtchen auch durch einen – ja, klingt wie ein Widerspruch in sich – pragmatischen Kunstgriff: Viele seiner historischen Häuser sind heute Teil eines irgendwie skurrilen, aber auch hübschen Outlet-Shopping-Ensembles. Mehr zur 1200-jährigen Geschichte von Bad Münstereifel ab S. 64.

9 Bitburg

Der Bier-Platzhirsch in der Eifel ist Bitburger, seit 1817 in dem Städtchen beheimatet. Interessant für leidenschaftliche Bier-Trinker wie mich ist die »Marken-Erlebniswelt« dort. Tipp: Nehmen Sie sich ein Kellerbier mit und fahren Sie ein Stück auf dem Kyll-Radweg. Mein Besuch beim Hopfenbauer nahe Bitburg: ab S. 48.

www.eifel.info/a-kyll-radweg

10 Weinhänge an der Ahr

Lieber auf Weintour? Dann lege ich Ihnen den Rotweinwanderweg ans Herz. Er führt am Fluss Ahr entlang durch eines der kleinsten Weinanbaugebiete des Landes – das auf dem Weg zu einem der feinsten ist. Die Strecke ist insgesamt 35 Kilometer lang, ein Teilstück können Sie sich unter www.ahr-rotweinwanderweg.de herauspicken. Und welche Winzer Sie besuchen sollten, erfahren Sie ab S. 96.

Dominik Ketz, Jahrgang 1974, ist mit der Eifel aus allen Perspektiven vertraut: Er lebt in Bad Neuenahr-Ahrweiler. Für MERIAN war er mit einem Ultraleichtflugzeug des Drachenfliegerclubs Vulkaneifel unterwegs.
www.dfc.vulkaneifel.de

FOTOSCHULE LANDSCHAFT VON OBEN

Gute Bilder aus dem Ultraleichtflugzeug

1. Vorbereitung An Bord ist es laut und die Kommunikation schwierig, alles sollte also vor dem Abheben mit dem Piloten besprochen sein – etwa die Flugroute, um die schönste Location im idealen Sonnenwinkel anzufliegen. Am besten gegen die Sonne oder mit Sonne von der Seite, weil das die Landschaft modelliert.

2. Objektiv Ich nehme zwei voll ausgestattete Kameras mit, um nicht das Objektiv wechseln zu müssen. Eine hat ein flexibles Zoom-Objektiv (24-70 Millimeter), die andere ein Weitwinkel (14-24 Millimeter), so kann ich Aufnahmen mit Pilot oder Flugzeug im Vordergrund machen.

3. Kamera-Einstellungen Ich empfehle einen relativ hohen Iso-Wert, weil das kürzere Verschlusszeiten ermöglicht. So riskiert man während des Flugs weniger Verwackelungen. Wichtig: Bildstabilisator einschalten!

ABSOLUT FILMREIF

... fand MERIAN-Redakteurin **Tinka Dippel** das »Café Sherlock« in Hillesheim. Unter einem überlebensgroßen Bild von Alfred Hitchcock nahm sie dort auf einem alten Kinostuhl Platz – neben **Ralf Kramp,** der das Café und das Kriminalhaus betreibt, zu dem es gehört. Auf S. 30 erzählt er, was seine Heimat Eifel so liebenswert macht und wie sie zur Krimi-Hochburg wurde.

AUF WEINTOUR

MERIAN-Fotograf **Markus Bassler** ist ein großer Rotwein-Fan, und eines seiner liebsten Anbaugebiete ist das für seinen Spätburgunder berühmte Ahrtal. Von der Idee einer Winzertour (S. 96) war er entsprechend schnell zu begeistern. Allerdings, sagt Bassler, »fürchtete ich, dass ich die Hälfte des Honorars am Ende in flüssiger Form im Kofferraum wiederfinde«.

GUTE SCHULE

2016 eröffnete Förster und Bestseller-Autor **Peter Wohlleben** (li.) im kleinen Wershofen eine Waldakademie, in der er selbst unterrichtet. Dort sprach er mit MERIAN-Redakteur **Kalle Harberg** über sein »Traumrevier« und die Zukunft des Waldes (S. 86).

DEINEN ERSTEN
LAPHROAIG
VERGISST DU NIE
LAPHROAIG
ISLAY SINGLE MALT
SCOTCH WHISKY
AGED 10 YEARS
OPINIONS WELCOME™
DRINK SMART®

Inspirierend schön

Spirituelle Architektur, fiktive Geschichten mit Tiefgang, farbgewaltige Gemälde für die Ewigkeit: Die Eifel war und ist bis heute ein Ideen-Fundus für **kreative Köpfe**

Zwölf Meter hohe Hülle aus Stampfbeton: die Bruder-Klaus-Kapelle bei Mechernich

Hermann Hesse hat es einst gut auf den Punkt gebracht: »Nur im Alleinsein können wir uns selbst finden. Alleinsein ist nicht Einsamkeit, sie ist das größte Abenteuer!« Der Architekt Peter Zumthor hat einen grandiosen Ort für dieses Abenteuer gebaut, mitten hinein in nichts als Felder, bei Mechernich in der Nordeifel. Dort führt ein schmaler Weg zur Bruder-Klaus-Kapelle, die von außen wie ein Monolith wirkt, fensterlos, glatt, mit fünfeckigem Grundriss. Wer hineingeht, erlebt, dass die Feldkapelle innen alles andere als glatt ist. Sie wirkt wie eine dunkle Höhle, deren Wände eine wellige Struktur haben, entstanden durch Abdrücke von Fichtenstämmen, die durch eine Öffnung in der Decke – neben winzigen Löchern im Beton die einzige Lichtquelle – später entfernt wurden (siehe S. 27). Die Idee und der Auftrag zu diesem Bau kam von einer Bauernfamilie aus der Gegend, geweiht ist er Nikolaus von Flüe, einem Mystiker aus der Schweiz, der im 15. Jahrhundert das Alleinsein 20 Jahre lang gelebt haben soll. Als Einsiedler.

www.feldkapelle.de

NORBERT SCHEUER

Ein genialer Erzähler

Kall in der Nordeifel ist kein spektakulärer Ort, in den Büchern von Norbert Scheuer aber öffnet sich rund um die Gemeinde eine sehr vielschichtige erzählerische Welt. Der Schriftsteller lebt in Kall, geboren wurde er vor 70 Jahren in Prüm. Bis zu seiner Pensionierung hat er als Systemprogrammierer bei der Telekom gearbeitet, parallel aber auch schon geschrieben. Zweimal schon stand er auf der Shortlist für den Deutschen Buchpreis, zuletzt 2019 mit seinem Roman »Winterbienen« (Verlag C. H. Beck). Darin verhilft der Imker Egidius Arimond Juden zur Flucht über die belgische Grenze. Die Geschichte ist in fiktiven Tagebuchaufzeichnungen sehr eindrücklich erzählt. Sie spielt 1944/45 – natürlich rund um Kall.

ECKFELDER URPFERDCHEN

Diese Stute war schwanger, das beweist eine Plazenta, die ebenso gut erhalten ist wie ihre Knochen. Gelebt hat sie vor rund 45 Millionen Jahren, zu sehen ist sie im Maarmuseum Manderscheid.

www.maarmuseum.de

Das Weinfelder Maar, auch »Totenmaar« genannt: Das Ölgemälde ist eines der bekanntesten von Fritz von Wille und hängt im Haus Beda in Bitburg

FRITZ VON WILLE

Der Maler, der die Eifel liebte

Es sind viele vor ihm mit Pinsel und Staffelei und viele nach ihm mit Kamera und Stativ gekommen, um sie zu malen oder zu fotografieren: die Lichtstimmungen und Landschaften der Eifel. Aber Fritz von Wille (1860-1941), geboren in Weimar und ausgebildet an der Düsseldorfer Akademie, malte besonders viele und farbgewaltige Eifel-Bilder, was ihm den Beinamen »Eifelmaler« einbrachte. 1911 kaufte er die Burg Kerpen, 30 Jahre lang lebte er mit seiner Familie teils dort. Etwas oberhalb der Burg liegt er begraben. Wer seine Gemälde sehen möchte, findet die größte Wille-Sammlung in Bitburg: Mehr als 80 Werke sind im Haus Beda zu sehen, das ein Kulturzentrum und ein Museum unter einem Dach vereint.

www.haus-beda.de

Ein Moment der Besinnung

Die Entscheidung ist gefallen. MERIAN und CEWE präsentieren das Leserfoto des Jahres. Alessio Costantini glückte es am Parfüm-Fluss in der Stadt Hue während des Lichterfestes

Alessio Costantini lebt in München und arbeitet in der Steuerabteilung eines Immobilienunternehmens. Seine große Leidenschaft ist das Fotografieren, das ihm nun den 1. Preis bescherte.

DAS GEWINNER-BILD

Es ist ein Ritual. Ein faszinierendes Fest in der Provinz Thua Hien Hue, das sechs Tage dauert und in der alten vietnamesischen Kaiserstadt der absolute Höhepunkt des Jahres ist. »Die kleinen schwimmenden Laternen«, erzählt Alessio Costantini, »werden zum Sonnenuntergang in den Parfüm-Fluss gelegt. Sie sollen die Wünsche der Menschen erfüllen und alte Sorgen wegtragen.« Auf seiner Motorradrundreise durch das Land war er »zum perfekten Zeitpunkt am perfekten Ort«. Und schoss dieses Foto, das eine Jury von MERIAN und CEWE aus mehreren Tausend Einsendungen auswählte und zum Foto des Jahres 2020 kürte.
Alessio Costantini ist zwar einen perfektes Foto gelungen, und er hat auch einen beindruckenden Instagram-Kanal mit Bildern, aber er ist kein professioneller Fotograf. Er lebt in München und arbeitet für ein Unternehmen im Immobiliensektor. Seine Fotos entstehen auf Reisen. In diesem Fall sogar während einer Weltreise. »Die Fotografie ist für mich ein wunderschönes Hobby«, sagt Alessio Costantini. Um solche Momente festzuhalten, reise er zu solchen Fotospots und lerne dadurch Orte kennen, »die ich sonst nie kennengelernt hätte«. Wenn ihm wiederum ein Foto wie dieses gelinge, dann empfinde er vor allem das, was dieses Motiv der beiden traditionell in weiß gekleideten Frauen in dem von einem Mann gesteuerten Boot zugleich dokumentiere: »einen Glücksmoment«. Alessio Costantini hat eine exklusive Reise im Wert von 10 000 Euro gewonnen und bekommt zugleich die Gelegenheit, über diese Tour mit eigenen Fotos in einer MERIAN-Ausgabe zu erzählen.

» Zum perfekten Zeitpunkt am perfekten Ort «

GROSSER FOTOWETTBEWERB
ZEIGEN SIE UNS IHRE BESTEN BILDER!

Traumreise für **10 000 €** zu gewinnen

Jetzt mitmachen!
Wir freuen uns über Fotos zu den Themen Bremen, Deutschland am Wasser und Franken.

»Die Lust am Reisen« – unter diesem Motto suchen MERIAN und CEWE die schönsten Leserfotos. Senden Sie Ihre Lieblingsbilder aus aller Welt ein! Hauptgewinn ist eine exklusive Tour im Wert von 10 000 Euro: Sie begleiten einen MERIAN-Fotografen auf seiner Rechercheréise an ein besonderes Urlaubsziel. Mitmachen ist ganz einfach – und **Sie haben sogar zwei Gewinnchancen!**

1. CHANCE: LESERFOTO DES MONATS

Jeden Monat werden Ihre besten Fotos zum nächsten Heftthema gesucht: Einfach online hochladen und mitmachen! MERIAN prämiert das beste Leserfoto und veröffentlicht es im Heft (s. S. 14). Die nächsten Themen: **Bremen, Deutschland am Wasser und Franken.** Ihre Fotos sollen einen Bezug zum jeweiligen Monatsthema haben, das Motiv darf frei gewählt werden: Ob Landschaftsbilder oder Straßenszenen – der Fantasie sind keine Grenzen gesetzt. Jeder Monatsgewinner erhält einen CEWE FOTOBUCH Gutschein im Wert von 50 Euro sowie ein MERIAN-Jahresabonnement.

2. CHANCE: LESERFOTO DES JAHRES

Jedes hochgeladene Foto hat dazu automatisch die Chance, das Foto des Jahres zu werden. Für diesen Wettbewerb dürfen Sie auch Bilder von anderen Zielen einsenden. Alles, was zum Motto »Die Lust am Reisen« passt, ist erlaubt: Motive von besonders schönen, originellen oder amüsanten Momenten genauso wie Fotos, die im Gedächtnis bleiben. Die Auswahl trifft eine Experten-Jury – und dem Sieger winkt eine exklusive Reise im Wert von 10 000 Euro.

Alle weiteren Infos: www.merian.de/leserfotos

DORIS JACHALKE

gelang das Leserfoto des Monats. Es zeigt das Kloster Maria Laach im vergangenen Herbst, »etwa eine Stunde vor Sonnenuntergang«. Ein romanischer Bau«, so Doris Jachalke, »wirkt durch seine massive Bauweise oft ein wenig bedrohlich. Das bunte Laub, die tiefstehende Sonne und die zarten Wolken bewirken jedoch, dass die Kirche einladend wirkt.« Immer wenn die Bankkauffrau aus einem Vorort von Speyer ein so altes Gebäude sehe, »regt dies meine Fantasie an, die sich damit beschäftigt, welchen Gefahren und Kriegen dieses Haus ausgesetzt war, und doch steht es immer noch erhaben da.« Fotografie sei »gerade in der heutigen Zeit unsagbar wichtig«. Ihr Mann teile mit ihr diese Leidenschaft. »Wir halten uns die Erinnerung an den einen oder anderen Urlaub mit Hilfe der Fotos lebendig.«

» Wir halten die Erinnerung an den einen oder anderen Urlaub mit Hilfe der Fotos lebendig. Das hilft uns, die jetzige Zeit erträglich zu machen. «

DAS SAGT DIE JURY

Violetta Bismor, MERIAN-Fotoredakteurin: »Manchmal benötigt man Geduld, manchmal auch ein Quentchen Glück, aber dann ist da vielleicht dieser eine kurze Moment, in dem sich die Wolken nochmal beiseite schieben und noch ein letzter Lichtstrahl auf die Szenerie fällt. Diese Augenblicke sind in der Fotografie so magisch und machen auch dieses Motiv des Klosters Maria Laach besonders. Das Licht malt hier seine eigenen Akzente und zaubert damit einen schönen Kontrast. Frau Jachalke hat hier ein wunderbares Farbenspiel festgehalten.«

Alles im grünen Bereich

Die Eifel ist zehnmal so groß wie der Bodensee und lässt der Natur so viel Raum wie kaum eine andere Region des Landes. Der Mensch hat Weinhänge, Burgen, Stauseen und kleine Städtchen zur Vielfalt beigetragen. Eine Bilderreise

AN DER AHR REIFEN RARE SPÄTBURGUNDER

Als die Burg Are (rechts im Bild) um 1100 auf einem Steilfelsen entstand, wurde im Ahrtal schon lange Wein angebaut, bereits die Römer sollen hier die ersten Reben gepflanzt haben. Die Burg verfiel mit den Jahrhunderten, die Trauben blieben: Vor allem für Rotweine sind die steilen Hänge eines der kleinsten Weinanbaugebiete Deutschlands ideal

IN DER NATUR HAT SICH WAS AUFGESTAUT

Im 20. Jahrhundert hat sich die Landschaft der Eifel stark verändert. Neun Stauseen wurden angelegt, zu den größten im Land zählt der Rursee, der durch die Rurtalsperre im Jahr 1938 entstand. Rund 2500 Segelboote sind auf der fast acht Quadratkilometer großen Fläche unterwegs, der Navigare Yacht-Club im Norden des Sees ist einer der Anlegeplätze. Wer lieber an Land bleibt: 240 Kilometer Wanderwege führen durch den angrenzenden Nationalpark Eifel und seine Wälder

EIN OHR INS WELTALL UND EINE TERRASSE IM HIER UND JETZT

Wie ein gigantisches Ohr ragt die 25 Meter breite Antenne des Astropeilers auf dem Stockert, einem Berg bei Bad Münstereifel, auf. 1956 wurde er in Betrieb genommen, in den neunziger Jahren stillgelegt, heute betreibt ein Verein wieder das Radioteleskop, organisiert von Mai bis Oktober Führungen und demonstriert, wie es immer noch lauschen kann: Mit Glück hört man Signale eines Neutronensterns, die Lichtjahre entfernt sind. Ganz gegenwärtig ist das entspannte Eifel-Leben in Monschau (rechts) – schön zu genießen auf der Terrasse des »Hotel Horchem« am Ufer der Rur

AUF STREIFZUG DURCH SATANS GRÜNE FELSSPALTE

Weil man sich partout nicht erklären konnte, wie zur Hölle die 28 Meter tiefe Spalte bei Ernzen entstanden ist, schrieb man sie einst dem Fürst der Finsternis zu und gab ihr den Namen Teufelsschlucht. Am Ende der letzten Eiszeit muss sie aufgebrochen sein, heute ist ein Spaziergang durch die von Moos und Flechten überzogene Spalte das Highlight im Naturpark Südeifel. Vier Wanderrouten führen hindurch

AUF DER WASSERBURG SPIELEN SIE MIT DEM FEUER

Seit 40 Jahren finden auf Burg Satzvey im Norden der Eifel die spektakulärsten Ritterfestspiele Nordrhein-Westfalens statt. Märchenerzähler, Händler und Gaukler beleben dann das Gelände der Wasserburg. Stars des langen Pfingstwochenendes aber sind die Ritter, die beim großen Turnier mit filmreifen Stunt-Einlagen gegeneinander antreten

BAUKÜNSTLER SCHAFFEN HIER IMMER NEUE LICHTBLICKE

Nicht ein Fenster hat die Bruder-Klaus-Kapelle in Mechernich-Wachendorf – nur eine Öffnung, durch die der Blick entlang der Abdrücke von Fichtenstämmen in den Wänden gen Himmel gelenkt wird. Entworfen hat sie Peter Zumthor, eröffnet wurde sie 2007. Rund 900 Jahre älter sind die beiden Manderscheider Burgen. Ober- und Niederburg (links) werden nur durch das Flüsschen Lieser getrennt, ihre Herren waren lange verfeindet. Heute bilden sie ein friedliches Ensemble

GANZ IM SÜDEN LIEGT EIN MÄRCHENHAFTES TAL

Wenn man in der Eifel einen Fantasyfilm drehen würde, wäre die Wittlicher Senke im Morgennebel die perfekte erste Einstellung. Zum Glück liegt die rund 40 Kilometer lange Senke aber nicht in einem weit entfernten Reich, sie erstreckt sich im Süden der Eifel von Schweich bis nordöstlich von Wittlich. Das Klima ist dort so mild, dass seit gut 250 Jahren Tabak angepflanzt wird, außerdem jede Menge Obst und Getreide. Durch die Felder führt seit 2007 der Radweg »Wittlicher Senke«

Maare, Moore, Morde

... damit lockt die Eifel immer mehr Gäste in den tiefen Westen der Republik. Als Deutschlands Krimi-Hochburg hat sich die Region etabliert, auch dank Schriftsteller **Ralf Kramp.** Er hat nicht nur 17 Romane geschrieben, sondern führt auch das »Kriminalhaus« in Hillesheim. Das Motiv für seine Heimatliebe: Die fast schon verdächtige Gelassenheit, mit der man in der Eifel die Ruhe bewahrt

Hoch oben an der Ostsee beginnt die A1, von dort trägt sie Reisende bis zur französischen Grenze bei Saarbrücken – 750 Kilometer ungebremstes Reisevergnügen durch Deutschland.

Fast 750, denn bei Blankenheim in der Eifel bricht die A1 ab, und alle, die den direkten Weg nehmen wollen, werden runtergebremst. Die Eifel verschlingt die Fahrzeuge samt Fracht und Insassen, lenkt sie auf Umwege und Landstraßen und entlässt sie erst 26 Kilometer später bei Daun in Rheinland-Pfalz wieder auf die Autobahn. Die Lücke ist ein Dauerbrennerthema, ihr Schluss alle paar Jahre wieder nicht in Sicht.

So ist die Eifel, Tempo ist nicht ihr Ding, ruhig und abwartend liegt sie da, mit ihrem gewaltigen Buckel, den selten etwas juckt. Ein altes Mädchen, das sich nicht aus der Ruhe bringen lässt. Was immer kommt, sie war schon lange vorher da. Davon künden etwa die »Augen der Eifel«, die berühmten Maare. Die Vulkane, durch die sie entstanden, sind längst erkaltet, der letzte Ausbruch liegt 13000 Jahre zurück, aber die munter im Wasser aufsteigenden Gasbläschen versprechen immer mal wieder eine baldige Rückkehr der kochenden Lava. Unter »bald« versteht die Forschung allerdings irgendwas ab 1000 Jahren aufwärts. Es besteht also bei den Vorbereitungen auf dieses Ereignis noch kein Grund zur Eile.

Meine Neugier auf diese Landschaft, an deren nördlichem Rand ich geboren wurde, wurde schon in meiner Jugend geweckt, als ein Künstler meiner Heimatstadt Euskirchen mir einmal seine kaum zu beziffernde Sammlung an Federzeichnungen von Fachwerkhäusern, Bergen, Tälern und Burgen zeigte und mir erzählte, er habe jedes einzelne Dorf der Eifel besucht. Das, so schien mir, sei doch eine schöne Lebensaufgabe: die Eifel zu erkunden. Also begann ich schon früh, meine Kreise zu ziehen. Ich glaube nicht, dass ich seitdem auch nur die Hälfte der Eifel wirklich kennengelernt habe – dafür ist sie dann doch zu groß. Und auch zu diffus in ihren Umrissen. Im Osten bildet der Rhein eine scharfe Begrenzung und im Süden die Mosel, im Norden und im Westen aber wird es ziemlich ungenau.

Wir befinden uns in einem Land der Grenzen. Wie Narben sehen sie auf der Landkarte aus. Die Kriege haben sie geschlagen, die Kämpfe um Boden und Besitz. Die Eifel war immer ein militärisches Auf-

Das Schalkenmehrener Maar ist das größte der drei Dauner Maare. Die mit Wasser gefüllten Vulkankrater nennt man auch »Augen der Eifel«

marschgebiet, wobei es bei all der Säbelrasselei eigentlich nie um sie selbst ging, an »Preußisch Sibirien« hegte niemand ein großes Interesse. Meistens ging es dort um das große Ganze, es war eher die zentrale Lage mitten in Europa, die dieses Fleckchen Erde zum Schauplatz verheerendster Schlachten machte. Ein bisschen Erz gab's zu holen, für dessen Verhüttung und das nötige Brennholz schlug man kurzerhand sämtliche Hügel kahl und ließ sie als kalte, karge Heidewüsten zurück. Wilhelm Zwo wird das fragwürdige Zitat zugesprochen, die Eifel sei »ein famoses Gebiet, vortrefflich zu bejagen. Nur schade, dass dort Menschen leben.«

Im letzten Jahrhundert zerschnitt man die Landschaft in ein Stückchen Luxemburg, ein Streifchen Belgien, einen großen Brocken Deutschland (der dann noch zwei Bundesländern zugeschlagen wurde), und da sind wir nun: vielfach geteilt und doch geeint, als Eifeler. Das winzige Dörfchen Kehr ist ein beispielhafter Grenzort in vielfacher Hinsicht: Im einen Haus kommt der Postbote aus Nordrhein-Westfalen, im anderen die Müllabfuhr aus Rheinland-Pfalz, und in wieder einem anderen der Winterstreudienst aus dem belgischen St. Vith.

All das juckt die Eifel, wie bereits erwähnt, überhaupt nicht. Sie war vor den Menschen da, und sie wird wohl auch noch da sein, wenn es uns irgendwann endgültig hinweggeblasen hat.

Wenn ich von meinen Lesereisen zurückkehre und die A1 verlasse, verfalle ich wieder in den gemächlichen Rhythmus, den mir das alte Mädchen vorgibt. Die Straße steigt sanft aber beständig an, die Außentemperatur sinkt langsam um ein paar Grad. Mir ist, als würde ich in den sprichwörtlichen Schoß zurückkehren – auch wenn es immer »zwei Jäckchen kälter« ist als anderswo.

Mag sein, dass ich mittlerweile die Hälfte der Eifel kenne. Vulkaneifel, Kalkeifel, Schneeeifel (pragmatisch-knackig: Schneifel), Waldeifel, Voreifel, Hoch-, Ost-, West-, Nord- und Südeifel, Rureifel, Ahreifel … Jedes Körperteil hat einen Namen bei dieser Geliebten, immer wieder wandelt sich ihre Gestalt. Je nach Laune ist sie ungeschminkt oder herausgeputzt, mal verheult, mal glänzend vor Glück. Sie hat so viele Gesichter. Gesichter zum Verlieben und Gesichter zum Fürchten, je nach Wetterlage und Tageszeit. Wer die gewaltigen Stauseen der Rureifel gesehen hat, erwartet nicht im Südosten die weiten,

sanften Kuppen des Maifelds, und wer die schroffen Täler der Südeifel durchwandert hat, wird angesichts des Hohen Venn, dem größten europäischen Hochmoor, ungläubig staunen.

Sie merken es, ich bin ganz ohne Zweifel verliebt in das alte Mädchen. Und da bin ich heute nicht mehr der Einzige. Wenn früher die Eifel immer erst »im nächsten Ort« anfing, brüsten sich heute auch die umliegenden Flachländer damit, dass bei ihnen die Eifel beginnt. Sie ist interessant geworden. Oder besser: Man hat erkannt, dass sie interessant ist.

Begonnen hat das literarisch, als Ende der Achtziger der Autor Jacques Berndorf den ersten Kriminalroman verfasste, in dem die Eifel eine so wichtige Rolle spielte, dass sie sogar im Titel auftaucht: »Eifel-Blues«. Was er damit lostrat, ahnte damals weder Berndorf noch sein Verlag. Und die Eifeler ahnten es erst recht nicht. Sie nahmen sein Werk zunächst gar nicht groß zur Kenntnis. Als aber weitere Romane folgten und im ganzen deutschsprachigen Raum gelesen wurden, als diese Bücher zu Bestsellern avancierten und immer mehr Autorinnen und Autoren hinzukamen, da runzelten sie die Stirn und fragten sich, ob man das überhaupt dürfe, mit Mord und Totschlag Werbung machen. Schon früh hat sich in der Eifel der sogenannte Regionalkrimi so vielfältig und so dauerhaft ausgebreitet wie nirgendwo sonst in Deutschland. Die Eifelkrimis vereinnahmen alles, was unsere Landschaft zu bieten hat, das literarische Grauen macht nicht vor dem berühmten Nürburgring halt, nicht vor den gemütlichen Fachwerkkulissen von Bad Münstereifel oder Monschau, nicht vor den Weinkellern der Ahr. Alles scheint schon verarbeitet worden zu sein, ein Ende ist trotzdem noch lange nicht in Sicht.

Nürburgring, Monschau oder die Weinkeller an der Ahr: Die Eifel bietet unendlichen Stoff für Krimis – in Buch- und Fernsehformat

Seit Jahren gehöre ich selbst zur Zunft der literarischen Meuchelmörder, Krimis sind neben der Eifel meine zweite Leidenschaft. Ich habe bis heute 17 Romane geschrieben, dazu diverse Kurzgeschichten. Meine Heimat Hillesheim gilt inzwischen als deutsche Krimi-Hauptstadt, dort betreiben meine Frau und ich das »Kriminalhaus« mit riesiger Bibliothek, Krimi-Buchhandlung und dem »Café Sherlock«.

Und auch das Fernsehen hat die Eifel auf der Krimi-Landkarte verankert: durch die Serie »Mord mit Aussicht«. Mit subversivem Humor versuchen die Beamten der Polizeistation »Hengasch« inmitten eines herzerwärmenden Panoptikums putziger Eifeler Landeier Mordfälle zu lösen, und das auf vielen Fernsehkanälen rauf und runter. Dieses Hengasch ist überall in der Eifel. In der Serie schrumpft unsere Region auf Westentaschenformat zusammen, man fährt von hier nach dort und von hüben nach drüben, und was in der Realität fünfzig oder sechzig Kilometer voneinander entfernt ist, liegt im Fernseh-Landkreis »Liebernich« nur einen Katzensprung auseinander. Wie die Kriminalromane lockt auch diese Dauerbrenner-Serie die Touristen in Scharen zu uns, wo sie all die pittoresken Schauplätze abpilgern können. Das klingt so, als hätten wir Eifeler eine Falle ausgelegt, und so darf es auch ruhig klingen. Warum man uns besucht, ist uns egal, Hauptsache man kommt. Wir haben gerne Gäste.

Wie sagte in den Sechzigern doch im Film »Kohlhiesels Töchter« die eine Fabrikantengattin angesichts der Schweizer Grundstückspreise zur anderen: »Bauen Sie doch in der Eifel, wenn Sie sich's hier nicht leisten können.« Nun, leisten kann man sich das Leben in der Eifel heute immer noch. Und das ist gut so, denn nicht zuletzt die Zugezogenen helfen mit, dass die Dörfer nicht veröden, dass den historischen Gebäuden mit Liebe, Geld und Sachverstand neues Leben eingehaucht wird. Aus den nahen Niederlanden zieht es zahlreiche Neu-Eifeler hierher. Und auch wenn unser Internet noch nicht das Schnellste ist, im Ranking der Lebensqualität liegen wir bundesweit verdammt weit vorne. Das beschauliche Leben in der Natur ist für viele das berufliche Pendeln in die Großstadt wert. Und auch kulturell muss niemand darben. Wer all die Konzerte, Festivals und Ausstellungen besuchen will, ist ganzjährig beschäftigt. Das alles hat bei den Eifelern nach Jahrhunderten endlich zu einem gesunden, stabilen Selbstbewusstsein geführt.

Bei der Beschreibung der germanischen Stämme soll sich Tacitus einst über die Eifelbewohner als »kleines, hinterlistiges Bergvolk« geäußert haben. Lange galten die zurückgezogen lebenden Bauern als stur und unzugänglich. Die Eifeler von heute aber sind aufgeschlossen und gastfreundlich. Ihre angebliche Sturheit ist eine gesunde Form der Vorsicht, ihre Unzugänglichkeit angeborene Skepsis gegenüber alldem, was man im Laufe der Zeit so alles mit ihnen und ihrer Heimat angestellt hat.

Wer kommt, um den Eifeler zu belehren, der beißt sich garantiert die Zähne aus, wer kommt, um von ihm zu lernen, der gewinnt einen Freund fürs Leben. Und wer sich zwischen den beiden Zipfeln der A1 eine Pause erlaubt – Stunden, Tage, vielleicht Wochen – der wird, wenn er dann am anderen Ende die Eifel wieder verlässt, ganz gewiss nicht mehr derselbe sein. ■

Damit auf langen Touren deine Mineralisierung nicht auf der Strecke bleibt.
Echte Kraft kommt aus der Natur. Mit der besonderen Mineralisierung von Gerolsteiner. Direkt aus der Vulkaneifel.
1.816 mg/l Hydrogencarbonat
348 mg/l Calcium
108 mg/l Magnesium
Das Wasser mit Stern
FRISCHE-SIEGEL
GEROLSTEINER
Medium
Natürlich erfrischend und reich an Mineralien

WENN DIESE MAUERN SPRECHEN KÖNNTEN...

...sie kämen aus dem Erzählen nicht mehr raus. Seit fast 900 Jahren an den Fels und ist heute eine der meistbesuchten Attraktionen des

klammert sich die Burg Eltz
Landes. Ein Rundgang mit dem Hausherrn, Karl Graf zu Eltz

1| Die Sitzecke wurde in den 1880er Jahren in den Erker des Fahnensaals eingebaut. Der Saal selbst mit seinem spätgotischen Sterngewölbe ist rund 400 Jahre älter **2**| Das bemalte Glasfenster im Rittersaal zeigt das Wappen der Urgroßmutter des heutigen Grafen

3| In 33. Generation Herr über die bald 900 Jahre alte Burg: Karl Graf zu Eltz am Zugang, den jedes Jahr rund 200 000 Besucher nehmen **4**| Das stille Örtchen der Burg: Die Toilette liegt wie viele andere in einem Erker, sie gehört zum Rübenacher Schlafgemach

5| Das Rübenacher Schlafgemach war (und ist) schwer zu heizen. Wegen der aufsteigenden Wärme steht das Himmelbett dort auf mehreren Stufen **6**| Der Kachelofen von 1881 steht im Fahnensaal, sein Vorbild im Germanischen Nationalmuseum

TEXT **TINKA DIPPEL** FOTOS **DOMINIK KETZ**

Er hätte deutlich länger schlafen können an diesem nieseligen Herbsttag, auf der Burg zu übernachten hätte ihm eine längere Nacht beschert. Aber er hat es vorgezogen, zu Hause im zwei Autostunden entfernten Frankfurt zu starten, und fährt nun überpünktlich um 20 vor acht bis zur Schranke des noch leeren Besucherparkplatzes. Auf Burg Eltz zu nächtigen, sei beschwerlich, sagt Karl Graf zu Eltz, in 33. Generation Herr über ihre rund 80 Zimmer und Kammern.

Vielleicht wollte er es sich aber auch einfach nicht nehmen lassen, den Weg zur Burg gemeinsam zu gehen, die ersten Eindrücke mit seinen Geschichten anzureichern – besonders den Moment, wenn man von der Schranke ein Stück weit die Straße den Hang hinuntergelaufen ist, in der zweiten Kurve zu einer kleinen Kapelle und einem Aussichtspunkt gelangt und sie dann in einer Schlaufe der Elz auf ihrem natürlichen Podest zum ersten Mal sieht: die Burg schlechthin. Wer noch mit D-Mark bezahlt hat und damals einen 500er-Schein in der Hand hatte: Ein Bild dieser Burg war darauf gedruckt. An diesem Morgen ist sie noch ein wenig vom Frühnebel umwabert.

Der Graf, mit seinen 72 Jahren auffallend energiegeladen, hat auf diesen wenigen Hundert Metern das gemacht, was einem möglicherweise in Fleisch und Blut übergeht, wenn man nicht nur Herr über eine der meistbesuchten Burgen Deutschlands ist, sondern auch über mehr als 850 Jahre Familiengeschichte: Er ist mitten hineingesprungen, wandert erzählend scheinbar mühelos durch die Jahrhunderte und seine Ahnenschaft, begrüßt nebenher die Mitarbeiter, die des Weges kommen, um die Burg nun langsam für ihre Besucher zu wecken.

»Eltz war immer mit Mühen verbunden«, sagt der Graf. »Aber jedes Mal, wenn sie mir in ihrer Schönheit erscheint, weiß ich, dass sie aller Anstrengung wert ist.« Wie aus dem rund 70 Meter hohen Fels gewachsen steht sie da, ein bis zum Bersten verdichtetes Reich aus Baukörpern, Türmen und Erkern, von denen keiner wie der andere ist. Begehrlichkeiten haben dem kleinen Plateau hier alles abgetrotzt, was die Statik so gerade noch zugelassen hat.

Mehr als 20000 Burgen oder deren Reste stehen in Deutschland, einige Hundert davon in der Eifel. Kaum ein Ort hier, der nicht mindestens von einer Ruine gekrönt ist. Was diese eine Burg so besonders macht, ist laut dem Grafen dreierlei: Ihre einzigartige Architektur aus 500 Jahren Bauzeit, ihre Lage tief im Tal auf einem hohen Felssporn sowie das sie umgebende Naturparadies. »Und man kann sich ins Mittelalter träumen, keine Windräder, keine Autobahn in Sichtweite.« Dann wäre da noch die Unversehrtheit, mindestens 850 Jahre ohne große Zerstörung zu überstehen, das schaffen nicht viele derart prominente Gemäuer. Überliefert ist nur ein nennenswerter Brand im Jahr 1920. Die erste Urkunde, in der die Burg, beziehungsweise des Grafen Urahn Rudolf von Eltz als Burgherr, erwähnt wird, stammt aus dem Jahr 1157, es ging darin um eine Schenkung Kaiser Friedrich Barbarossas. Von dieser Frühzeit der Burg zeugt heute noch der

Blick von oben in eine mittelalterliche Schatzkiste: Von links kommt man in die Burg und läuft an der Oberschänke (erkennbar an den Tischen links) vorbei durch einen schmalen Durchgang in den Innenhof. Der ist umschlossen von vier Komplexen: In den Häusern Kempenich (rechts oben) ist heute die Kastellanei untergebracht. Der Bergfried Platt-Eltz (rechts unten) ist der älteste erhaltene Teil. Die Burgführungen beginnen im Haus Rübenach (unterer Bildrand), das über schmale Treppen mit den Häusern Groß und Klein Rodendorf verbunden ist (links)

Bergfried Platt-Eltz, bis heute ihr südwestlicher Abschluss. Das turmhohe Gebäude heißt wahrscheinlich schlicht deshalb so seltsam, weil es auf ein Plateau gebaut wurde, den Felskopf im Tal der Elz. Wie viele Burgen lag auch Eltz an einer Handelsroute, diese verlief zwischen der Mosel und der fruchtbaren Gegend um das heutige Städtchen Münstermaifeld – beide keine fünf Kilometer entfernt. Ihr Name leitet sich wohl von der Elz ab, auch wenn die sich ohne »t« schreibt.

Entscheidend für die Verdichtung und patchworkartige Bebauung des Felsens war, was die Urenkel von Rudolf von Eltz, Theoderich, Elias und Wilhelm, beschlossen: Noch vor 1268 teilten sie die Burg unter sich auf. Eltz wurde zu einer Ganerbenburg mit drei Familienzweigen, benannt nach den Bildern in ihren Wappen: Eltz vom goldenen Löwen, Eltz vom silbernen Löwen und Eltz von den Büffelhörnern. »Eine familiäre Wohngemeinschaft« nennt der Graf, selbst aus der Linie des goldenen Löwen, dieses im Mittelalter nicht unübliche Konstrukt, das eine weitere Aufteilung verhindern und den Familienbesitz wahren sollte.

Wie zu erwarten, gab es Streit, Neid und Uneinigkeiten darüber, wem was gehört. Auch zu Handgreiflichkeiten kam es auf diesem kleinen Felsen. 1372 erschlug ein Eltzer aus der Büffelhörner-Linie einen der goldenen Löwen. Wie Mord, Schläge und Beleidigungen zu ahnden waren und das Zusammenleben funktionieren sollte, regelte der Burgfrieden, eine Art Verfassung. Der erste hier ist aus dem Jahr 1323 verbrieft, 1430 wurden die Regeln nach einem Streit zwischen den goldenen und den silbernen Löwen verfeinert. Ausführlich erwähnt ist das Amt des Baumeisters, der dazu angehalten war, die Mauern der Burg regelmäßig zu befestigen. Das war nötig, denn durch die Dreiteilung entstand bis ins 17. Jahrhundert eine Mini-Stadt, die nach und nach in die Vertikale wuchs. Die silbernen Löwen bauten das Rübenacher Haus, die mit den Büffelhörnern Groß Rodendorf und die goldenen Löwen die Kempenicher Häuser.

Im Grunde genommen ist, gemessen an den Möglichkeiten ihrer Zeit, Eltz ein Vorläufer dessen, was in den letzten Jahrzehnten im Wohnort des Grafen, in Frankfurt, passiert ist: Wenn sich zu viele Begehrlichkeiten auf einen Ort richten, wenn die Nachfrage den Platz weit übersteigt, wächst dieser Ort in die Höhe.

Die drei ineinander übergehenden Komplexe ließen in ihrer Mitte nur einen kleinen, abschüssigen Hof. Wer darin steht, kann gar nicht anders, als mit den Augen die verschachtelten Wände auf und ab zu wandern. Victor Hugo, einer der zahlreichen berühmten Menschen, die an diesem Ort gestanden und Worte dafür gesucht haben, schrieb 1863: »Ein enger Hof erscheint. Außergewöhnlich. Türme und Giebel so weit das Auge reicht. Schwere des 12. Jahrhunderts, Feinheiten des 16.«

Unterhalb der Burg sind auf einer Terrasse mit dem Grün vieler Jahrhunderte überzogene Basaltkugeln aufgeschichtet. Mehrere Hundert davon seien ab 1331 auf die Burg geschossen worden, schätzt der Graf. In dieser Zeit legten die Eltzer und die Herren dreier Burgen im Hunsrück sich mit dem Trierer Erzbischof und Kurfürsten Balduin von Luxemburg an. Sie wollten freie Reichsritter sein, er ihr Lehnsherr. Als Kopf der Rebellen galt Johann von Eltz, und so wurde die Burg zum Hotspot des Streits, der als »Eltzer Fehde« in die Geschichte eingehen sollte. Der Kurfürst ließ eine Trutzburg errichten, deren Reste heute noch zu sehen sind. Von dort flogen die Geschosse Richtung Eltz, jahrelang. Die Fehde hat auch deshalb

1

1| Immer weiter in die Höhe gebaut: Die Häuser Rübenach (links) und Rodendorf vom schmalen Innenhof aus gesehen
2| Zeugen von der »Eltzer Fehde«: die Basaltkugeln wurden im 14. Jahrhundert auf die Burg geschossen, als sie unter Belagerung stand

4

3 | Im Rittersaal trafen sich früher Mitglieder aus allen drei Familienzweigen zu ihren Verhandlungen **4** | Das Gemälde der Madonna mit Kind von Lucas Cranach dem Älteren aus dem 16. Jahrhundert hängt im Rübenacher Untersaal

einen prominenten Platz in der Geschichte, weil während der Belagerung vermutlich zum ersten Mal auf deutschem Boden Feuerwaffen zum Einsatz kamen. Viel zerstört worden sei aber wohl nicht, sagt der Graf. »Es ging beim Beschuss darum, uns unter Druck zu setzen.« Er sagt »uns«, und das zieht sich durch seine Erzählungen. Bei ihm werden all die Jahrhunderte zu einer großen Geschichte, mit der er sich voll zu identifizieren scheint. »Es gibt nur ein ›Ist‹, ein Hier und Jetzt, wenn es um die Eltzer Geschichte geht«, sagt er selbst. Wenn er sich darin auf eine Zeitreise begeben könnte: »Ich hätte gerne den Johann schon vor der Fehde dazu gebracht, sich andernorts auszutoben, wo er nicht so viel Unheil anrichten kann«, sagt er. 1337 schloss Johann schließlich einen Friedensvertrag, gab klein bei, die Burg wurde dem Kurfürsten als Lehen übertragen.

Gerne kennengelernt hätte der Graf auch den Kurfürsten Jakob zu Eltz, »einen großen Organisator, bedeutenden Theologen und engagierten Seelsorger«, der 1550 zum Priester geweiht, dann Rektor der Universität Trier, Kurfürst und Erzbischof und führender Gegenreformator wurde.

Viele Eltzer haben die Geschicke der Region maßgeblich mitgestaltet, bei einer so einflussreichen Familie kommt nicht nur eine satte Geschichte, sondern auch materiell einiges zusammen. Die 1981 eröffnete Schatzkammer ist voll von Schmuck, Porzellan, edlen Gläsern, Tabakdosen und Waffen. Aber auch Rundgänge, die durch einige Räume der Burg führen, sind kleine Schatztouren. Man beginnt im Rübenacher Haus, wo die Eingangshalle als Waffenkammer dient und noch einige der Geschosse aus der Zeit der Eltzer Fehde zu sehen sind. Im anschließenden Wohnraum hängen kunstvolle Wandteppiche und ein Original-Madonnenbild von Lucas Cranach dem Älteren. Über teils sehr schmale Treppen geht es ins Haus Groß Rodendorf, in den größten Raum der Burg, den Rittersaal, und über verschiedene Räume und Ebenen weiter bis in die Rodendorfer Küche.

Das eine oder andere Ölgemälde unterwegs zeigt berühmte Eltzer der Vergangenheit, der Graf hat aber auch ein kleines, silbern gerahmtes Foto aufgestellt, auf dem er mit seiner Frau und seinen Kindern zu sehen ist. Von den drei Linien ist heute nur noch seine auf der Burg präsent. Und ihm ist wichtig, »dass dieses zuerst ein Privathaus ist, das wir den Gästen zeigen. Daher auch die immer frischen Blumen in jedem Zimmer. Es ist bitte kein Museum im klassischen Sinne.« Schon als Junge ist er hier durch den Hof getollt, hat sich einmal in einer großen Holzkiste versteckt, ist dort eingeschlafen und musste aus der zugefallenen Truhe befreit werden. Wird er manchmal wehmütig, weil die Familie die Burg mit so vielen Besuchern teilen muss? »Nein«, sagt der Graf. »Dieses mittelalterliche Erbe ist für alle Menschen. Alle Teile der mittelalterlichen Gesellschaft haben an unserer Geschichte mitgeschrieben. Und es ist mir eine große Freude, dass so viele Menschen die Burg so lieben.«

Eine Tour durch das Haus offenbart auch noch etwas anderes: dass die Räume teils abenteuerliche Grundrisse haben, der Fels hat sie vorgegeben. Die mittelalterlichen Bauherren haben hier der Statik nicht nur alles abgetrotzt, sondern eigentlich ein bisschen zu viel. Nach der Jahrtausendwende waren die Risse nicht mehr zu übersehen, das Rodendorfer Haus wurde als gefährdet eingestuft, »auch Kempenich drohte, abzurutschen«,

WO IMMER MAN HIER KRATZT, ERWACHT GESCHICHTE. UND HIN UND WIEDER MUSS SIE DANN AUCH UMGESCHRIEBEN WERDEN

sagt der Graf. An ein bereits bestehendes Gebäude seien hier vor Jahrhunderten meist die Mauern eines weiteren Gebäudes U-förmig angebaut worden, erklärt Lorenz Frank vom Büro für Historische Bauforschung in Mainz. Als die Burg von 2009 bis 2012 in großem Stil saniert wurde, stellte er das fest – vor allem anhand von Rissen.

Nicht nur die Mauern der Burg sollten damals solider werden, sondern auch ihre Geschichtsschreibung. Es gab nur eine Firma, die es sich zutraute, die Rodendorfer und Kempenicher Häuser mit insgesamt 45 bis zu 25 Meter langen Edelstahlankern zu sichern – und selbst in dieser Spezialfirma kam nur ein einziges Team mit den Herausforderungen der Eltzer Wände zurecht. Während die Mauern zeitweilig offen lagen, war Lorenz Frank oft und live dabei, untersuchte Steine und vor allem verbaute Hölzer. Deren Alter kann man anhand der Abfolge unterschiedlich breiter Jahresringe meist jahrgenau bestimmen. Mit dieser Methode der Dendrochronologie datierten die Bauforscher während der Sanierung viele Teile der Burg um: Rübenach von 1470 auf 1311, Klein Rodendorf von 1560 auf um 1300, einen Teil von Kempenich von 1650 auf um 1260. Und immer noch stecke die Burg voller Geheimnisse, meint der Graf. »Egal, wo man kratzt und gräbt – man stößt auf Geschichte und Geschichten.«

Manch einer hat die während des Umbaus eingerüstete Burg beschrieben als verpackt wie vom Künstler Christo. Der hätte das vor vielen Jahren, noch lange vor der Reichstagsverhüllung, tatsächlich gerne gemacht, beim Vater des Grafen fragte er an. »Leider war mein Vater zu konservativ«, meint der Graf, der die verhüllte Burg gerne gesehen hätte. »Das passte nicht in seine Vorstellung von Kunst.«

Zum Abschluss führt der Graf noch ins Kempenicher Haus. An einem langen Tisch, an dem schon der König von Schweden gesessen hat, serviert er Kaffee und Croissants. Seit gut zwei Jahren sei Eltz ein Instagram-Star und werde an manchen Tagen von zahlreichen Fototeams besucht, erzählt er. Es gab auch mal Konzerte im Innenhof, »mit Konzertsaal-Akustik«.

Neben dem Tisch steht die Burg in einem Glaskasten, als Papiermodell im Maßstab 1:160. Die gibt es als Set zu kaufen, inklusive Anleitung. Ob er sie selbst gebaut hat? Der Graf winkt ab und lacht. ■

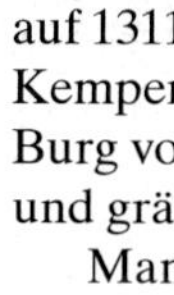

Tinka Dippel fand als Kind, dass nichts so sehr die Fantasie anregt wie Burgruinen. Auf Burg Eltz wurde ihr klar: Diese vollkommen intakte Burg ist ebenso inspirierend.

BURG ELTZ BESUCHEN

... können Sie in der Regel von Anfang April bis Ende Oktober. Vom Parkplatz, der rund zwei Kilometer südwestlich des Örtchens Wierschem im Wald liegt, fährt ein Shuttle-Bus. Zu Fuß ist man in rund zehn Minuten an der Burg. Normalerweise steht der Innenhof offen, solange wegen Corona die Besucherzahlen beschränkt sind, muss man allerdings schon an der Auffahrt ein Ticket lösen. Führungen durch die Häuser Rübenach und Rodendorf starten in relativ kurzen Abständen, dauern rund eine halbe Stunde und sind den Eintritt absolut wert. Anschließend kann man mit dem Ticket die Schatzkammer besuchen. Wer die Zeit hat, sollte als Wanderer nach Eltz kommen, etwa über den »Traumpfad Eltzer Burgpanorama«.

www.burg-eltz.de
www.traumpfade.info

Der Eifel
verbunden.

Willkommen auf Burg Satzvey: Durch den Torbogen gelangt man in die Wasserburg, manche ihrer Mauern sind über 600 Jahre alt

Die Burg ruft!

Wenn die Maare ihre Augen sind, dann sind die vielen Burgen die **Kronen der Eifel.** MERIAN stellt die schönsten Bauwerke vor – von der romantischen Ruine über das herrschaftliche Schloss bis zur Jugendherberge in uralten Mauern

Burgfestspiele Mayen

Drei Inszenierungen, drei Monate Theaterfieber, eine kleine Stadt im Ausnahmezustand: So sieht es aus in Mayen im Osten der Eifel von Ende Mai bis Ende August – wenn Wetter und Umstände dies zulassen. In dieser Zeit wird der Innenhof der Genovevaburg zum beliebten Freilufttheater mit eigener Intendanz und eigenem Ensemble, das jährlich wechselt. Auf dem Programm stehen jedes Jahr ein Stück für Familien, eine Musik-Produktion und ein Schauspiel.

www.burgfestspiele-mayen.de

Burg Satzvey

Je nachdem, zu welcher Jahreszeit und an welchem Tag Sie diese Wasserburg in Mechernich im Norden der Eifel besuchen, werden Sie die Anlage ganz unterschiedlich erleben. Unter der Woche kann es hier schön ruhig sein, das Ensemble steht Besuchern ohne Eintrittsgeld offen. An Samstagen, Sonn- und Feiertagen starten meist stündlich Führungen durch die Innenräume (Dauer: 45 Minuten), dann ist Satzvey gut bis sehr gut besucht. Die Burg ist eine der schönsten in Nordrhein-Westfalen, manche ihrer Bruchsteinmauern sind mehr als 600 Jahre alt. 1368 wurde Satzvey als Hofgut erstmals urkundlich erwähnt, ab 1396 entstand die Wasserburg. So komplett und intakt sie heute wirkt: Die Burg hat einiges überstanden, wurde umgestaltet, erweitert, teils ließ man sie verfallen, und die Bomben im Zweiten Weltkrieg zerstörten sie stark. Wieder instand gesetzt und belebt wurde sie von der Familie der Grafen Beissel von Gymnich, in deren Besitz sie sich bis heute befindet und die das Anwesen äußerst umtriebig nutzen. Sie haben eine Burgbäckerei eingerichtet, ferner gibt es eine Senfmühle und ein Schnitzelhäuschen. Außerdem dienen die Mauern von Satzvey in nicht von einer Pandemie getrübten Zeiten als Kulisse für diverse Veranstaltungen: für einen Ostermarkt, einen Sommer- und einen Weihnachtsmarkt, eine Hexennacht, eine Halloween-Party mit Bühnenprogramm und für die in der Region mittlerweile legendären Ritterfestspiele mit Schwertkämpfen und Bogenschießen, die seit 1981 stattfinden.

Mechernich, An der Burg 3
www.burgsatzvey.de

Burgruine Reifferscheid

Wer diese mehr als 900 Jahre alte Burg im Westen der Eifel, an der Grenze zu den belgischen Ardennen, besucht, sollte Fantasie mitbringen. Den Wandel der Zeit hat diese Burg lange nicht so unversehrt überstanden wie Satzvey. Erstmals erwähnt wurde Reifferscheid, eine mittelalterliche Höhenburg, im Jahr 1106. Ein Brand zerstörte sie im 17. Jahrhundert, danach wurde sie als barockes Schloss wiederaufgebaut und später erneut zerstört. Bis heute sind die Ruine des Schlosses und die alte Burgsiedlung drumherum gut erkennbar. Gleich nebenan liegt die Kirche St. Matthias, die Gemeinde dort organisiert Führungen auf der Burg – sehr zu empfehlen für alle, die einen Eindruck davon gewinnen möchten, wie die Burg einst aussah. Am ersten Adventswochenende füllt ein besonders schöner Weihnachtsmarkt die Ruine mit Leben. Tipp: Reifferscheid liegt auf der Burgen-Route, einer 17 Kilometer langen Wanderung von Hellenthal nach Blankenheim (Dauer: 5,5 Stunden).

www.reifferscheid-eifel.de

Manderscheider Burgen

Heute stehen sie da ganz einträchtig, die Oberburg auf ihrem Berg, die Nie-

derburg auf ihrem Felsen im Liesertal. Man kann die eine von der anderen aus sehen, nur ein viertelstündiger Fußweg und das Flüsschen Lieser trennen die beiden. Im Mittelalter, als ihre Mauern noch intakt und bewohnt waren, sah die Sache ganz anders aus. Die kleinere Oberburg, urkundlich verbrieft ab den 1140er Jahren, war in der Hand des Trierer Erzbistums. Auf der Niederburg, je nach Quelle verbrieft ab 1133 oder 1173, residierten die Manderscheider Grafen, Vögte der Abtei Echternach und damit Vertreter der Interessen des Herzogtums Luxemburg. Die Lieser war damals eine Art natürliche Grenze zwischen beiden, die Herren der Burgen lagen über Jahrhunderte im Clinch. Heute wird in Manderscheid nur noch zur Show gekämpft – wenn im August beim Manderscheider Burgenfest auf der Niederburg Ritter gegeneinander antreten. Ein besonderes Erlebnis ist auch die Manderscheider Burgenweihnacht am ersten Adventswochenende. Das ganze Jahr über beeindruckend ist die grandiose Aussicht vom fünfstöckigen Bergfried der Oberburg, von hier geht der Blick auf das Liesertal, die Niederburg und den Kneipp-Kurort Manderscheid.

www.gesundland-vulkaneifel.de/ausflugsziele/manderscheider-burgen

Burg Ramstein

Ganz am unteren Rand der Eifel, nur acht Kilometer nördlich von Trier, liegt diese Burg auf einem gut 180 Meter hohen Buntsandsteinfelsen am Fluss Kyll. Erbaut wurde Ramstein im 14. Jahrhundert im gotischen Stil im Auftrag des damaligen Erzbischofs von Trier. 1689, während des Pfälzischen Erbfolgekrieges, wurde die Burg gesprengt, nur ihre Außenmauern blieben erhalten – und geben heute eine Vorstellung davon, wie es hier einst ausgesehen haben muss. Seit 1826 ist das Ensemble in Privatbesitz der Familie Moll, die unterhalb der Ruine das Hotel und Restaurant »Burg Ramstein« mit kleinem Burg-Garten betreibt. Ein perfekter Stopp für alle, die auf dem Römerpfad wandern.

Gemeinde Kordel, www.burgramstein.de

Burg Olbrück

Es ist ein kleiner Aufstieg mit großem Lerneffekt: 150 Stufen führen auf den 34 Meter hohen Bergfried, dem am besten erhaltenen Teil der Burgruine in der Vulkanregion Laacher See. Unterwegs, in den Gewölbestuben, erfahren die Besucher mit Hilfe audiovisueller Technik viel über die Entstehung der Burg und das Leben, das dort einst herrschte. Schon die Römer hatten den 460 Meter hohen Phonolithkegel im Brohltal bebaut, die Burg selbst ist vermutlich fast 1000 Jahre alt. Ganz oben im Bergfried angekommen, hat man einen grandiosen Weitblick – an klaren Tagen sieht man von hier bis zu den Spitzen des Kölner Doms. Toll für Kinder: der Spielplatz im Mauerring der Vorburg, der als Ritterburg gestaltet ist. Wer gut zu Fuß ist, erkundet die Burg im Rahmen des rund 23 Kilometer langen Geopfades Olbrücker Burgpanorama. Für alle, die mit dem Rad unterwegs sind, empfiehlt sich der Brohltalradweg.

www.vulkanregion-laacher-see.de/a-burg-olbrueck

Schloss Bürresheim

Kaum zerstört ist dieses Kleinod, das nordwestlich von Mayen auf einem Felssporn liegt. Die Ursprünge reichen zurück bis ins Jahr 1157. Ähnlich wie die berühmte Burg Eltz (s. S. 34) ist diese Burg nie gewaltsam erobert worden. Im Lauf der Jahrhunderte veränderte sich das Gebäudeensemble, Erker und Türme kamen hinzu oder veränderten ihr Aussehen, als Ganerbenburg wurde der Komplex zeitweise von mehreren Zweigen einer Familie bewohnt und verwaltet. Das Schloss geht zurück auf die »Trierer Burg«, die im 17. Jahrhundert zum Schloss ausgebaut wurde, von der benachbarten »Kölner Burg« ist nur eine Ruine geblieben. Im Schloss sind wertvolle Möbel, Alltagsgegenstände und Gemälde aus unterschiedlichen Jahrhunderten im Rahmen einer Führung zu sehen (Dauer: 45 Minuten). Das größte Schmuckstück aber liegt vor der Tür: der Terrassengarten im barocken Stil. Angebote für Kinder sind der »Geisterpass«, für den sich fünf Burgen und Schlösser zusammengetan haben, und die Ritterwerkstatt. Und auch Hollywood hat das Schloss schon entdeckt – als Kulisse in »Indiana Jones und der letzte Kreuzzug«. Tipp für Wanderer: Bürresheim liegt am Traumpfad Förstersteig.

www.tor-zum-welterbe.de/schloss-buerresheim

Jugendherberge Blankenheim

Die mehr als 900 Jahre alte Höhenburg wird schon seit über 80 Jahren als Jugendherberge genutzt und ist ideal gelegen, um Hoch- und Nordeifel zu erkunden. Sie bietet nicht nur Platz für Gruppen, sondern auch 15 Zweibettzimmer und fünf Ferienwohnungen für Familien.

www.jugendherberge.de/jugendherbergen/blankenheim-437/preise

1| Einst verfeindet: Niederburg (vorne) und Oberburg in Manderscheid **2|** Von Burg Ramstein stehen nur noch die Außenmauern **3|** Nie erobert und gut erhalten: Schloss Bürresheim **4|** Turm mit Weitblick: der Bergfried von Burg Olbrück

Seit seiner Kindheit ist Andreas Dick mit Hopfen vertraut. Unweit von seinem Hof halten Lärchenstämme die Drähte, an denen die Pflanzen in die Höhe wachsen

Ein Händchen für Hopfen

Rheinland-Pfalz ist das Land der Reben – aber nicht nur. In Holsthum bei Bitburg wächst der Hopfen für eine der größten Brauereien des Landes. Zu Besuch bei Andreas Dick, dem Mann, der ihn erntet

TEXT **TINKA DIPPEL** FOTOS **DOMINIK KETZ**

Die Ähren des Hopfens nennt man Dolden. Sie wirken beruhigend, nicht nur in Bier, sondern auch in Tees

Eine schmale Straße windet sich mit einigen Kurven in ein sattgrünes Tal, in dem sich der Ort Holsthum an das Flüsschen Prüm schmiegt. Am Rande von Holsthum liegt ein Hof, dessen Obstbäume unter dem Gewicht ihrer Früchte schon fast den Boden streicheln. Aber der Bauer hat noch keine Zeit für sie. Sein Traktor fährt gerade voll beladen mit Dolden an einem Kindertrecker vorbei in seine Einfahrt und hält vor einer riesigen Hopfenpflückmaschine. Vom Fahrersitz springt Andreas Dick, 47, gebräuntes Gesicht, derbe Arbeitshose, Gummistiefel, schwarzes Sweatshirt mit der weißen Aufschrift »Bitte ein Bit«. Er ist Hopfenbauer – im weiten Umkreis der einzige. Und einer, von dessen Hopfen sehr viele Menschen schon gekostet haben, ohne sich dessen bewusst zu sein.

»Heute ist der letzte Erntetag«, sagt er. »Das war der vorletzte Wagen«, er sei ein wenig wehmütig. Er wirkt aber auch gespannt, einen Monat lang hat er hier die Früchte seiner Arbeit geerntet, die fast komplett an eine einzige Brauerei gehen werden: die von Bitburger, die ihren Sitz in der zwölf Kilometer nordöstlich gelegenen 15000-Einwohner-Stadt Bitburg hat.

Schon Andreas Dicks Vater lieferte den Hopfen für deren Bier. Er selbst ist aber längst mehr als ein Zulieferer, er ist ein Gesicht von Bitburger, ein Mann, mit dem die Brauerei wirbt. Denn er verkörpert zum einen die Verwurzelung der 1817 gegründeten Brauerei hier in der Gegend und zum anderen die Weiterentwicklung. Er ist nicht nur Bauer, sondern auch Sommelier und Brauer, veranstaltet Tastings, vermittelt ein Lebensgefühl.

Bitburger ist eines der meistgezapften Biere an deutschen Tresen. Die Marke ist im ganzen Land bekannt, aber nirgendwo so präsent wie in diesem Landstrich. Hier scheint es fast, als wachse jedem Restaurant und jedem Gasthaus bei Eröffnung automatisch ein Bitburger-Schriftzug an der Mauer. »Oft höre ich im Zusammenhang mit Bitburger Wörter wie ›Fernsehbier‹ oder ›Fernsehmarke‹«, sagt Dick. Wer ihn besucht, gewinnt eine neue Perspektive.

Nur eine kurze Traktorfahrt vom Hof entfernt steht auf einem lang gezogenen Feld an der Prüm seine kleine Armee aus haushohen Lärchenholzstämmen, zwischen die die Drähte gespannt sind, an denen sich die Hopfenpflanzen hinaufranken. Familie Dick hegt und pflegt seit mehr als 60 Jahren den Holsthumer Hopfen. Auf mehr als 60000 Hektar wachsen in Rheinland-Pfalz Weinreben, Hopfen rankt auf nicht mal 0,05 Prozent dieser Fläche in die Höhe, 22 Hektar sind es hier in Holsthum und ein Stück die Prüm auf- und abwärts. Deutscher Durchschnitt pro Hopfenbauer sind 18 Hektar.

Der Holsthumer Hopfen, hauptsächlich die Aroma-Sorten Perle und Tradition und die Bitter-Sorten Magnum und Herkules, reicht natürlich nicht für die Millionen Hektoliter Bier, die jedes Jahr in Bitburg gebraut werden, der Großteil des Hopfens kommt aus der Hallertau in Bayern, dem größten Hopfenanbaugebiet der Welt. Andreas Dicks Dolden aber verfeinern das Bitburger Premium Pils, damit wirbt Bitburger.

In Reih und Glied steht der Hopfen in Holsthum. Die Prüm umfließt ihn und hält die Böden schön feucht

Der Vater war noch mit dem Pferdepflug unterwegs, Andreas Dick bestellt seine Flächen mit einem GPS-gesteuerten Traktor

»Wer einmal vom Hopfen gekratzt hat, kommt nie mehr davon los«

Und damit wirbt auch Holsthum. Schon am Ortseingang steht ein Schild mit der Aufschrift »Willkommen in Holsthum! Heimat des Bitburger Siegelhopfens«. So kam Andreas Dick zu Prominenz, so mancher Besucher ist schon die Straße nach Holsthum heruntergekurvt, um sich zu vergewissern, dass er nicht nur eine Werbefigur ist, dass es ihn wirklich gibt. Er nimmt das lächelnd zur Kenntnis: »Die Krönung war ein ganzer Bus, der hier vorgefahren ist.«

Wer zu Besuch kommt, findet einen freundlichen Hopfenbauern, aber keinen Erlebnishof mit Gaststätte. Die Dicks wohnen und arbeiten hier ohne jede Inszenierung. Dafür haben sie auch schlicht zu viel zu tun. Hopfen ist anspruchsvoll. »Er braucht drei Jahre, bis er ertragsfähig ist«, sagt Andreas Dick. »Und tiefgründige, durchfeuchtete Böden. Er wächst 7,80 Meter in die Höhe – und etwa genauso weit in den Boden hinein.«

Die Prüm, die sich heute ohne großes Aufheben durch dieses äußerste Eckchen Eifel schlängelt, wo es nach Luxemburg nur noch ein kurzer Spaziergang ist, schwoll einst an. Nach einem Felssturz vor mehr als 10000 Jahren staute sie sich hier zu einem See. Dann befreite sich das Wasser, fand Wege durch das Gestein, dort, wo heute die Irreler Wasserfälle rauschen. Der See hinterließ mehrere Meter starke Sedimentschichten in diesem Tal, das besonders windgeschützt liegt. »Nasser Fuß, warmer Kopf«, die ideale Hopfen-Kombination war geschaffen.

»Ich muss jetzt doch mal los und den letzten Wagen einfahren, bin in einer Viertelstunde wieder da«, sagt Andreas Dick, sitzt schon wieder auf dem Traktor und lenkt ihn wenig später mit den letzten Dolden des Jahres zur Hopfenpflückmaschine. Die trennt mit viel Gerumpel die Dolden von der Pflanze und leitet sie direkt in die Darre, den turmhohen Hopfenspeicher. Dort trocknen sie in wenigen Stunden von 80 Prozent Wassergehalt auf rund ein Zehntel davon. Verpackt werden sie nach einigen Tagen in große weiße Säcke. Und dann kommt der Siegelmeister. Laut EU-Verordnung und Hopfenherkunftsgesetz dürfen nur Dolden aus bestimmten Gebieten vermarktet werden, Holsthum bei Bitburg ist eines davon.

Seit 1560 wird hier nachweislich Hopfen angebaut, Anfang des 20. Jahrhunderts wurden viele Kölner Brauereien aus der Prüm-Ebene und den Hopfengärten entlang der Bahnlinie Trier-Köln beliefert. Damals waren in der Eifel mehr als 300 Hopfenpflanzer am Werk, die sich über einen Verband mit Sitz in Bitburg organisierten. Nach dem Zweiten Weltkrieg kamen drei Sudetendeutsche über die Hallertau nach Holsthum und belebten den Anbau wieder. Deren dreieinhalb Hektar Fläche übernahm 1966 Herbert Dick.

Das Haus des Seniors steht an der Einfahrt, er sieht den Traktor das Jahr über kommen und fahren. Andreas Dick wohnt gegenüber vom Hof. An fast jedem Arbeitstag geht er morgens um sechs zum Vater rüber, dann trinken die zwei erstmal gemeinsam eine Tasse Kaffee. »Das ist unser Ritual«, sagt Andreas Dick.

Für ihn war nicht immer schon klar, dass er den Weg des Vaters weitergehen würde. Er besuchte erst die Handelsschule, dann lernte er in Bitburg Brauer, arbeitete dort in der Kontrolle. Über zwei Hopfenanbaubetriebe in der Hallertau und am Bodensee arbeitete er sich zurück an die Prüm. »Wer einmal vom Hopfen gekratzt hat, kommt nie mehr davon los«, so lautet einer seiner Glaubenssätze. »Hier, riechen Sie mal.« Er nimmt eine der Dolden, die zur Dekoration auf einem der Tische in ei-

Hopfen wächst schnell, bis zu 30 Zentimeter am Tag. So schaffen die Ranken es bis zur Ernte im September auf fast acht Meter

nem großen Raum gleich neben der Einfahrt zur Darre liegen, in dem er Bierseminare und Verkostungen veranstaltet. Die Wände sind mit Europaletten verkleidet, getrocknete Hopfenpflanzen hängen von der Decke, ein Kühlschrank mit Glasfront hält ein paar Bitburger auf Temperatur.

Andreas Dick zeigt, wie man die Dolde zwischen den Fingern zerreibt, sie zerfällt in knisternde Blättchen und entlässt dabei einen frischen, fruchtigen Geruch, nach Zitrusfrüchten und ein wenig nach Himbeere und Mango. Es handelt sich um Cascade-Hopfen, eine in der Craftbeer-Szene sehr beliebte Sorte, die er auf einer kleinen Fläche anbaut. »Die Craftbeer-Szene finde ich super«, sagt Dick. Auch wenn es ihn störe, »dass es da immer gegen die großen Brauereien geht«. Je bunter die Brauer-Szene wird, desto wahrscheinlicher erfüllt sich sein Wunsch: dass die Brauer sich endlich ein Beispiel an den Winzern nehmen. »Die schaffen es optimal, von ihrer Lebenskultur zu erzählen.«

Für so eine Erzählung ist er die ideale Hauptfigur. »Nicht alles, was neu ist, ist gut, und nicht alles, was alt ist, ist schlecht«, noch einer seiner Glaubenssätze. Der Vater habe damals angefangen mit einem Pferdepflug, heute sind sie mit dem GPS-gesteuerten Traktor unterwegs. Herbert Dick hat den Betrieb von null aufgebaut, der Sohn setzt darin immer neue Ideen um. Brauer, Hopfenbauer, Sommelier, er hat jede Ausbildung rund um die Hopfenpflanze absolviert. Besucher können sich den Hof zeigen lassen, mit ihm im Hopfengarten unterwegs sein, er bietet Seminare an und Verkostungen: Bier und Käse, Bier und Schokolade. Sein Ausgleich zum Beruf ist die Familie mit zwei Kindern, sind die zwölf Islandpferde, die auf einer Wiese neben der Hofeinfahrt grasen, ist die Jagd.

Und er hat ja nicht nur den Hopfen, nach dessen Ernte seien nun die 1000 Obstbäume dran, sagt Dick. Und ergänzt wieder so einen Glaubenssatz: »Nach der Ernte ist vor der Ernte.« Heute wird er ein bisschen das Erntefinale feiern. Und auf seinen Social-Media-Kanälen zum ersten Mal seinen Gin bewerben. »Gin 8« heißt er, weil er auf der Parzelle »Auf der Acht« gereift ist. Zutaten sind Wacholderbeeren, die in der Eifel en masse wachsen, der Cascade und eine weitere Hopfensorte namens Solero.

Eine Verkostung steht heute Abend auch noch an. Andreas Dick arbeitet weiter an seiner Wunschvorstellung: dass Bier einmal unter Gourmets einen Stellenwert wie Wein haben wird. »Dass man irgendwann sagen wird: Ich geh in den Keller und hole eine besondere Flasche Bier.« ■

Besuch beim Hopfenbauer

Andreas Dick bietet – wenn die Umstände es zulassen – verschiedene Erlebnisse zum Thema Bier und Brauen an, die meisten davon finden rund um seinen Hof in Holsthum (ca. 20 Minuten Fahrt von Bitburg entfernt) statt: von der kurzen Hofführung – nach Wunsch auch mit kleiner Verkostung – bis zum tagfüllenden Bierbrauseminar, bei dem der ausgebildete Brauer und Biersommelier sein Fachwissen vermittelt. Regelmäßig veranstaltet Andreas Dick auch Verkostungen und kombiniert dabei Bier und Käse oder Bier und Schokolade.

Holsthum, Auf der Hütte 2
www.hopfenbauer.de

Die Stadt und ihr Gold

Ein Kastell der Römer und eine Brauerei, die hier vor 200 Jahren ganz klein anfing, prägen bis heute das Bild von Bitburg in der Südeifel

Bitburger Erlebniswelt
Mitten im Herzen von Bitburg hat Bitburger seinen Firmensitz, und dort liegt seit 2009 auch die Erlebniswelt. Auf verschiedenen Ebenen und 1700 Quadratmetern wird dort vom Bierbrauen erzählt, beginnend mit der Gründung einer kleinen Landbrauerei durch einen jungen Mann namens Johann Peter Wallenborn im Jahr 1817. Sein Schwiegersohn Ludwig Bertrand Simon übernahm später die Brauerei. Inzwischen sind die Nachkommen Simons bei Bitburger in der 7. Generation am Ruder und haben die Produktion von 1000 Hektoliter im Jahr 1877 auf mehrere Millionen Hektoliter heute hochgeschraubt. Neben der Familiengeschichte erfährt man im Haus auch jede Menge über die Zutaten, den Brauprozess und die Entwicklung der Marke. Der geführte Rundgang dauert rund eine Stunde und endet bei ein, zwei Bier in der Bit-Lounge. Wer richtig essen gehen möchte, zum Beispiel ein Schnitzel, kann das gleich nebenan, in der Gaststätte Zum Simonbräu, tun – und kommt auf dem Weg an einer Besonderheit vorbei: dem Bierbrunnen, der vor dem ehemaligen Sudhaus steht. Er entstand 1937 aus Basaltlava, ist ein Werk von Carl Burger, der damals Direktor der Steinmetz-Fachschule in Mayen war, und erzählt in eingeritzten Bildern von der Geschichte des Bierbrauens. Bis heute hat einer seiner Wasserspeiher eine Bierleitung, die zu Anlässen wie dem 200-jährigen Bitburger-Jubiläum aktiviert wird. Eingeritzt in die Brunnensäule ist auch ein Spruch in lateinischer Sprache: *Beda bibebat aquam cerevisiam ante Simonis,* Bitburg trank Wasser, bevor Simon sein Bier braute.
www.bitburger.de

Gebraut wird hier nicht mehr, heute erfahren die Besucher der Bitburger Erlebniswelt im historischen Sudhaus viele Details zum Prozess des Brauens

Das alte Beda ...
... kann sich derjenige besser vorstellen, der sich gleich gegenüber der Erlebniswelt auf den archäologischen Parcours begibt. Die Römer bauten hier einst ein Kastell, sie nannten diesen Ort Beda. Ihre alte Stadtbefestigung wurde im Zweiten Weltkrieg stark zerstört, einige Reste der Mauer sind aber noch erhalten und werden auf dem Rundgang gut erklärt. Einen Flyer mit allen elf Stationen gibt es in der Tourist-Information, wo man auch eine Führung buchen kann. Dabei lernt man auch das heutige Bitburg gut kennen.
Römermauer 6
www.eifel-direkt.de

Die Villa Otrang ...
... steht in Fließem, rund fünf Kilometer nordöstlich von Bitburg – beziehungsweise das, was von ihr freigelegt werden konnte, sie ist nämlich eine alte römische Villenanlage, die im frühen 19. Jahrhundert entdeckt wurde. Kaum eine andere nördlich der Alpen ist so gut erhalten, sehr sehenswert sind vor allem die kunstvollen Mosaikfußböden. Familien- oder Gruppenführungen lohnen sich, um mehr über den Alltag der Römer zu erfahren. Buchbar sind auch sie über die Tourist-Information in Bitburg.

Gin und Sinnlichkeit

Schlehen, Wacholder, Hopfen, Schiefer aus 400 Meter Tiefe: Die Eifel liefert viel Material für feine Kunstwerke

HORNBRILLEN AUS BODENBACH

In bester Fassung

Seit 1982 fertigt die Firma Wollenweber Hornline in Bodenbach Brillenfassungen aus speziellen Hörnern: Sie stammen von asiatischen Wasserbüffeln. Die Elemente werden vor Ort gezeichnet, dann aus Hornplatten gesägt, geschliffen und auf Wunsch mit Holz oder Seide individuell gestaltet. Die Maserung des Horns sieht bei jeder Fassung ein wenig anders aus, so wird jede Brille zu einem einzigartigen Stück. Handwerkskunst und Individualität haben ja bekanntlich ihren Preis, in diesem Fall kann man ihn beziffern: Er beginnt bei ca. 1000 €. www.wollenweber-hornline.de

WACHOLDER RELOADED

Fruchtig
Rote Schlehenfrüchte aus der Eifel geben diesem Gin von Windspiel aus Daun eine ausgewogen fruchtige Note.
www.gin-windspiel.de

Ausgezeichnet!
Der Pure Gin von Vallendar in Kail hat mehrere Preise abgeräumt. Somit hat er sich die neue Flasche mit eleganter Lackierung redlich verdient.
www.vallendar.de

Mischen: Possible
Hopfen, Zitronengras, Lavendel, Wacholder: Im Gin 8 aus Holsthum steckt eine ganz eigene Mischung, kreiert vom Hopfenbauer Andreas Dick *(siehe S. 48).*
www.gin-8.de

KÜCHENKRÄUTER

Natur pur aus dem Glas

Keine künstlichen Zusätze, nur Kräuter und Überzeugung: Bei Kraut und Korn in Dahlem werden natürliche Zutaten von Hand gemischt und in hübsche Gläser abgefüllt. Wie die Kompositionen am besten zum Einsatz kommen, wird in der Produktionsküche getestet, die Rezepte gibt's zum Nachkochen auf der Website.
www.krautundkorn.de

BODENSCHÄTZE

In der Goldschmiedewerkstatt Mayen werden Materialien aus der Eifel zu Schmuckstücken – etwa der Schiefer an diesem Armreif, der aus 400 Meter Tiefe kommt.

www.goldschmiedewerkstatt-mayen.de

ESSBARE KLEINKUNST

Wer die Pralinen bei Pauly in Mayen vor sich sieht, gerät in einen kleinen Konflikt: Jedes Würfelchen, jede Kugel, jedes Petit Four ist eine in Handarbeit filigran gestaltete Schönheit – und die dann in Sekunden auf der Zunge zergehen lassen? Seien Sie beruhigt, der Geschmack ist so nachhaltig, dass aus den Sekunden eine kleine Ewigkeit wird. www.paulypralinen.de

Abenteurer, Dokumentarfilmer und in der Eifel zu Hause: Andreas Kieling

»VIELE TIERE SIND IN DIE EIFEL ZURÜCKGEKOMMEN«

Er hat Bären in Alaska, Löwen in Afrika und Walhaie in Australien beobachtet – dabei aber nie die Neugierde auf Ameisen und Käfer zu Hause in der Eifel verloren. Der Tierfilmer **Andreas Kieling** über Abenteuer vor der Haustür

INTERVIEW **TINKA DIPPEL** FOTOS **DOMINIK KETZ**

MERIAN: Sie schauen nicht nur auf die großen Tiere, sondern auch auf die kleineren, die von anderen schnell übersehen werden.

ANDREAS KIELING: Ja, und nicht nur auf die Tiere selbst. Wenn ich irgendwo den Panzer eines Insekts finde, versuche ich, das zu bestimmen. Das fing bei mir in der Kindheit an, dass ich mich auch für kleine Tiere interessiert habe. Ich hatte immer Waldeidechsen im Terrarium. Und es gab kein Frühjahr, in dem ich nicht ein riesiges Gurkenglas – oder gleich drei – mit Kaulquappen oder Krötenlaich hatte. Und wenn ein Käfer aus dem Totholz rausguckte, wurde so lange nachgeguckt, bis ich wusste, was das für ein Käfer ist.

Schon in Ihrer Kindheit, wenn andere vor dem Fernseher saßen, hieß es von Ihnen, Sie »glotzen in Ameisenhaufen«. Ist das so geblieben?

Ja, meine Partnerin Lea und ich – glücklicherweise interessiert sie sich auch für so was – haben vor zwei Jahren den größten Ameisenhaufen Deutschlands in Sichtweite von unserem Haus gefunden.

Woher wollen Sie wissen, dass es der größte ist?

Naja, wenn Sie den sehen! Und dann vergleichen! Der Harz wirbt auch mit so was, aber den größten, den kennt keiner, der liegt hier in der Hocheifel.

In Ihrem unmittelbaren Umfeld gibt es für Sie also immer noch genug zu entdecken?

Ja, in den letzten Tagen lag hier viel Schnee, und Schnee bedeutet für mich nicht nur eine schöne Winterwelt. Man kann Spuren, Fährten und Geläufe sehen und daran erkennen, wer alles da ist: Tiere wie Wiesel, Baummarder, Steinmarder und Iltis, Füchse natürlich, Rotwild – Rothirsche. Dann jede Menge Wildschweine und Rehe, wie überall. Das Aufsehenerregendste ist immer, wenn man die Spur eines Luchses findet, auch von Wildkatzen, die jetzt überall in die Paarungszeit kommen. Man hört sie, wenn die Kuder (Kater) sich Revierkämpfe liefern.

Sie leben im selben Ort wie Peter Wohlleben.

Ja, er ist quasi mein Nachbar. Geografisch liegen wir hier in Hümmel zwischen der Nordeifel und der Hocheifel. Die Nordeifel hat großen Charme und ist touristisch erschlossener mit Monschau, Gemünd und dem Nationalpark. Bei der Hocheifel sage ich immer: Wenn die ihren Nürburgring nicht hätte, wäre es dort sehr, sehr ruhig. Es gehen ein paar Premium-Wanderwege durch, auf denen ich noch nie einen Menschen gesehen habe. Wir haben Regionen in der

Andreas Kieling, 1959 in Gotha geboren und im Thüringer Wald aufgewachsen, verließ mit 16 die DDR und floh über die damalige Tschechoslowakei nach Österreich. In Deutschland heuerte er auf Handelsschiffen an und fuhr einige Jahre zur See, später arbeitete er als Jäger und Förster. Er bereiste die Welt, tourte durch den Himalaya und Grönland, war Forstberater in China – und fand mit Anfang 30 seine Bestimmung als Tierfilmer. Viele seiner Filme laufen in der ZDF-Sendereihe »Terra X«. Geschichten aus seiner Wahlheimat Eifel erzählt er auf Facebook in der »Kleinen Waldschule« (2020 auch als Buch bei Malik erschienen).

Mit Hund und Kamera unterwegs zu den Wäldern rund um Hümmel. Seit 40 Jahren lebt der Tierfilmer in dem kleinen Ort an der Grenze zwischen Nord- und Hocheifel

Hocheifel, da ist die Bevölkerungsdichte ähnlich niedrig wie in Kanada.

Macht sich das in der Natur bemerkbar?

Es tut ihr sehr gut. Das merkt man an der Artenvielfalt, auch von großen und scheuen Tieren.

Was hat Sie denn in diese menschenarme Gegend gebracht?

Ich bin im April 1982 in die Eifel gekommen und habe eine Stelle als Förster angetreten, genau hier, in der Gemeinde Hümmel. Ich weiß noch, wie ich mich im Winter vorgestellt habe und dachte: Oh Gott, wie sieht das hier aus, so verfallen.

Aber Sie sind geblieben.

Ja, ich habe mich trotzdem gleich sehr wohlgefühlt. Was mir in der Eifel so gut gefällt, ist die Mischung aus Mittelgebirge und alter Kultur, dann eine hohe Biodiversität. Und dass es hier sehr chillig ist. Hier läuft das Leben gemächlicher ab. Das merkt man jetzt auch in Covid-Zeiten, da hat sich nicht so viel geändert. Und ich weiß noch, wie ich in meinem ersten Jahr gleich sehr viele seltene und außergewöhnliche Tiere gesehen habe.

Welche zum Beispiel?

Den ersten Schwarzstorch in meinem Leben, das war vor 40 Jahren ein extrem seltener Vogel. Damals schrieb

ich auch in mein Reviertagebuch, dass ich einen Rotmilan gesichtet hatte. Heute ist der ein relativ häufiger Vogel in Deutschland. Dann die erste Begegnung mit einer Wildkatze, das war morgens, und ich konnte mir gar nicht vorstellen, dass ich wirklich eine echte Wildkatze gesehen habe.

Wie hat sich die Tierwelt in der Eifel seitdem verändert?

40 Jahre sind ein langer Zeitraum, in dem sich viel verändert hat – eigentlich zum Positiven. Viele große Tiere sind zurückgekehrt, viele Vögel. Kolkraben sind wieder da, der Uhu kam zurück, der Wanderfalke, der Baumfalke. Teils auch sehr seltene Amphibien, zum Beispiel die Geburtshelferkröte, der Fadenmolch, der Bergmolch, der Feuersalamander, die Schlingnatter und die Mauereidechse.

Sind andere Tiere seltener geworden?

Wie überall in Deutschland: Insekten und die kleinen Singvögel. Die Eifel war immer ein Rastgebiet, zum Beispiel für Kiebitze. Heute sehen Sie an den Raststellen keinen einzigen Kiebitz mehr.

Haben Sie eine Erklärung dafür, dass so viel Leben zurückgekehrt ist?

Die Eifel war, was die Biodiversität angeht, immer reich – sowohl bei Pflanzen als auch bei Tieren. Weil sie viele Offenlandschaften hat. Das sind Flächen mit Weißdorn, Ginster, Schlehe, Wacholderbüschen, Wildrosen, Haselnuss, Heide und und und. Heute ist ein weiterer großer Vorteil, dass wir immer noch einen reichlichen Jahresniederschlag haben. Die letzten zwei Jahre waren auch hier trocken, aber nicht so wie in anderen Regionen, dementsprechend üppig ist die Flora.

Sie sind in der Nähe des Thüringer Waldes groß geworden.

Eigentlich im Thüringer Wald. Erst in Gotha, dann habe ich lange in Luisenthal gewohnt, in Oberhof, mehr Thüringer Wald ging nicht.

Wovon haben Sie damals geträumt?

Wenn es einen Wunsch gab, dann war das: einmal nach Alaska und Ostafrika. Aber das war schon fast zu abstrakt, weil ich mir eigentlich sicher war, dass ich da nie hinkommen würde. Also habe ich mich auf das bezogen, was erreichbar war. Und das waren nordische Landschaften, das war der Thüringer Wald, das war das Erzgebirge, das war der Harz, das war die Colbitzer Heide mit ihren riesigen Eichenbäumen.

Und dann haben Sie einige Jahre nach Ihrer Flucht aus der DDR doch die Welt entdeckt.

Ja, als ich beschlossen hatte, professioneller Tierfilmer zu werden, musste ich aber erst mal Fuß fassen. Es war klar, dass das in Afrika nicht geht, da tummelten sich schon die Besten der besten Tierfilmer. Ich fand damals die Empfehlung von Heinz Sielmann ziemlich blöd: Wenn Sie Förster sind, machen Sie doch mal einen Film über das Waldsterben, das ist gerade im Gespräch. Das hat bei mir einen Würgereiz erzeugt. Ich musste dahin, wo keiner hinwill, weil es einfach zu unwirtlich ist. Nach Alaska. Die erste große Expedition dorthin startete im Mai 1991, vor genau 30 Jahren, an den Quellen des Yukon. Geendet hat sie sieben Monate später an der Beringsee. Nach 3200 Kilometern mit dem Kanu.

Sie waren immer Abenteurer, haben viele brenzlige Situationen überstanden, etwa den Biss einer giftigen Schlange. Die schlimmste Verletzung aber hat Ihnen ein Wildschwein hier in der Eifel zugefügt. Wie kam es dazu?

Ich hatte drei Jahre lang an einem Film für BBC und ZDF gedreht, mir das Vertrauen einer Wildschweinrotte erworben, auch deren Sprache gelernt, die ganz simpel ist. Manchmal stand ich am Feldrand Schmiere, wenn die Wildschweine nachts Kartoffeln ausbuddelten. Kam der Jäger, habe ich geschnaubt. Die Sender wollten Aufnahmen, die es noch nie gegeben hatte, darunter kämpfende Keiler vor der Paarung. Der Keiler griff

> **»ICH MAG DIE MISCHUNG AUS MITTELGEBIRGE, ALTER KULTUR UND BIODIVERSITÄT«**

mich in einem Moment an, in dem ich mich klein gemacht hatte, auf dem Boden kniete, um eine Filmaufnahme zu drehen. Diese Einstellung gibt es heute noch, die ist sensationell. Die Wildschweine waren direkt vor mir. Da griff er an, brach mir das Schulterblatt an und schlug mir eine Wunde im Gesicht. Schuld war ich, nur ein verrückter Tierfilmer begibt sich in so eine Situation – mitten in der Paarungszeit, in der die Hormone wallen und alle erregt sind.

Haben Sie das bereut?

Die Aufnahmen, die ich damals von den Keilerkämpfen drehen konnte, sind bis heute die einzigen, das ist nie wieder so gefilmt worden, mit solcher Intensität und Kampfeswucht. Und das bei einer Tierart, die überall vorkommt. Mittlerweile gibt es die tollsten Handyaufnahmen von Wildschweinen, die nachts über einen Zebrastreifen in einem Vorort von Berlin marschieren.

Sie sind gerne mit dem Kanu auf Tour, haben in der »Kleinen Waldschule« von Ihren Tagen auf der Kyll erzählt.

Ja, die ist ein ganz cooler Fluss. Würde ich aber nicht empfehlen, denn wir haben unser Kanu mehr getragen als zu paddeln. Auch toll ist die Sauer, ein Grenzfluss zwischen Luxemburg und der Südeifel. Und ob Sie es glauben oder nicht: Der verrückteste Fluss, der mich am meisten verblüfft hat, ist der Rhein. Der ist so vielfältig! Wenn Sie Ihr Kanu in Schaffhausen reinsetzen und in Köln wieder rausholen, wenn Sie sich zwei, besser drei Wochen Zeit nehmen: Da werden Sie Dinge erleben ... Ich glaub's echt nicht, dass das alles in einem so dicht besiedelten Land möglich ist.

Gibt es einen Ort, wo Sie tagelang sitzen und beobachten können?

Mehrere, aber die erzähle ich Ihnen nicht. Weil ich nicht möchte, dass da außer mir noch viele andere sitzen. Aber wer die Eifel erleben und erfassen will, ist mittlerweile echt gut beraten, sich den Nationalpark Eifel anzuschauen ...

... der eine Kulturlandschaft ist.

Ja, aber durch den Rurstausee, die Zuflüsse, die Berghänge und die Ödlandflächen – ich weiß, die sind durch Panzer und Übungsflächen entstanden, wie so oft in Deutschland – ist es ziemlich spannend, da unterwegs zu sein. Dann ist die Eifel voll mit alten Steinbrüchen, zum Teil hat man da Basalt abgebaut. Wenn Sie heute in solche Lebensräume gehen und sich da nur eine Stunde hinsetzen, das Handy auf stumm – Sie haben eh keinen Empfang – und sich da mal eine Stunde mit dem Fernglas ruhig hinsetzen, die Ohren spitzen: Das ist sehr spannend, was da um einen herum passiert. Insekten, Amphibien, Vögel, Reptilien, manchmal kommt auch ein größerer Säuger vorbei.

Das Eifler Platt ist für Besucher kaum zu verstehen. Fällt Ihnen ein Tiername in diesem Dialekt ein?

Klar, der Klassiker schlechthin: Bummeruppdeer.

Bummerupp ...?

Ja, also Baumrauftier. So heißt hier in der Hocheifel das Eichhörnchen. Schräger geht's doch nicht. Und in der Südeifel heißt es Kaweechelche. Das ist schon fast Luxemburgisch.

In Afrika sind die Big Five der großen Tiere ein Aushängeschild. Was wären Ihre »Eifel Fünf«?

Besonders sind natürlich schon die Wildkatze, der Schwarzstorch, der Uhu, der Luchs, die Gelbbauchunke und der Feuersalamander. Aber die wird man kaum sehen. Wenn ich für die Eifel einen Tipp geben würde, dann die Hirschbrunft Mitte September bis erste Woche Oktober. Es gibt ein paar Stellen, die sind zugänglich, unter anderem im Nationalpark, richtig mit Beobachtungstribünen. Das würde ich mir anschauen! ■

Fundstück: Am Zustand des Geweihs kann Andreas Kieling ungefähr bestimmen, wann der Hirsch es abgeworfen hat

EIFEL-TIPPS VON ANDREAS KIELING

Eine Kanu-Tour auf der Sauer, dem Grenzfluss zu Luxemburg. Boote ausleihen können Sie am Campingplatz Alte Schmiede.
www.camping-alteschmiede.de

Die Hirschbrunft im September/Oktober von der Rothirsch-Aussichtsempore im Nationalpark aus beobachten.
Parkplatz Rothirsch-Empore
www.schleiden.de/tourismus

Auf einer der vielen Wanderrouten rund um den Rurstausee unterwegs sein – mit Fernglas!
www.rursee.de

„SCHÜTZ DAS, WAS DIR WICHTIG IST."
Das Leben passiert. Wir versichern es.
Immer da. Immer nah.
PROVINZIAL

DER STOLZ DER EIFEL

... zeigt sich in ihren kleinen, feinen Städtchen. Bad Münstereifel, Monschau und Monreal beeindrucken mit reicher Geschichte, viel Fachwerk und noch mehr Charme

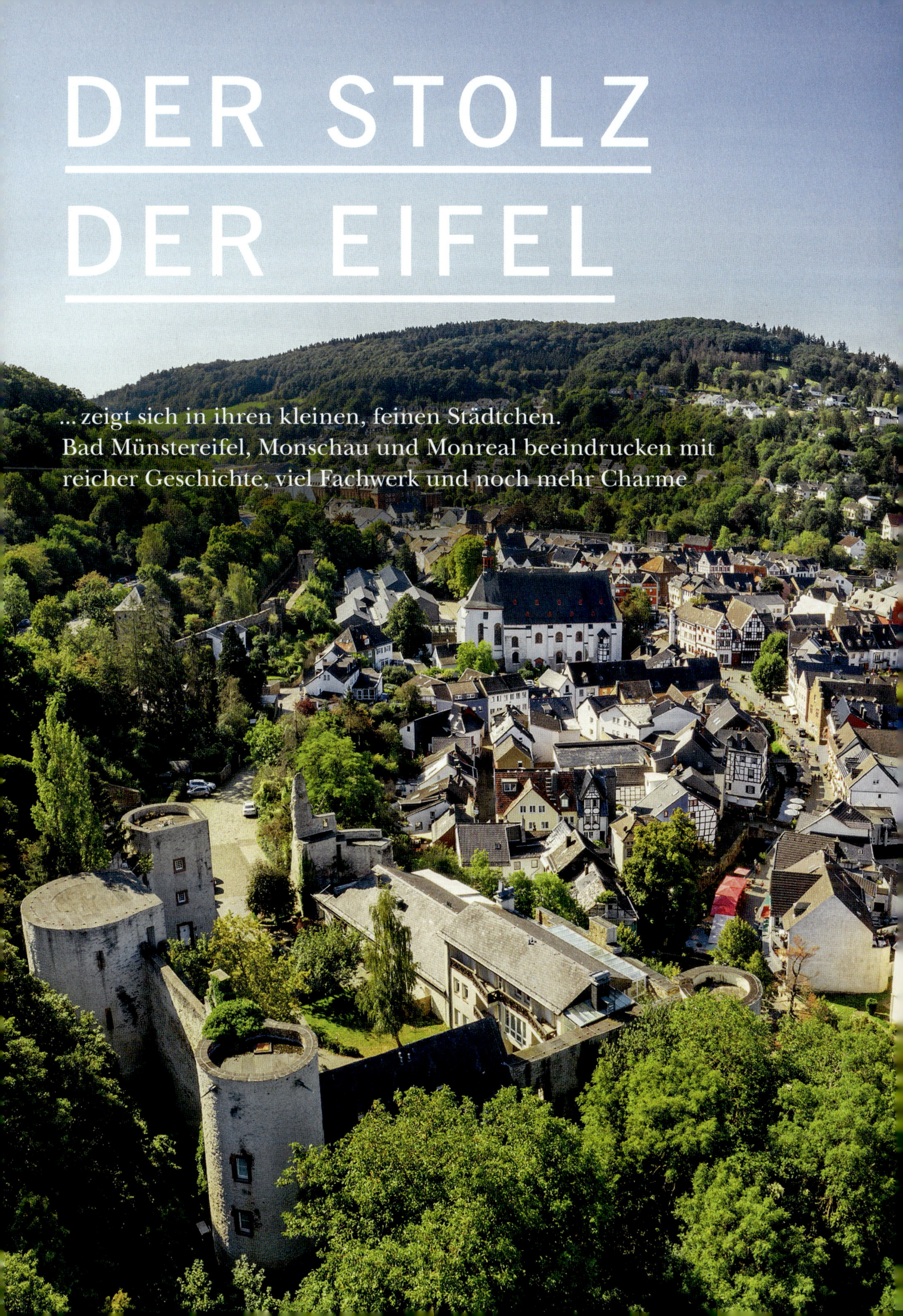

Burg, Stadtmauer und eine über Jahrhunderte gewachsene Altstadt: Bad Münstereifel bietet eine Kulisse wie aus einem Historienfilm, von oben genauso wie am Ufer der Erft

TEXT **TINKA DIPPEL** FOTOS **ANNA MUTTER** UND **DOMINIK KETZ**

BAD MÜNSTEREIFEL

Mittelalterliche Gassen und ein Open-Air-Outlet: Die kleine Kurstadt in der Nordeifel wagt und gewinnt

Ein guter Start, um einzutauchen in die wilde Mischung von Bad Münstereifel, ist der Kirchplatz. Kommen Sie am besten an einem Freitag, dann findet dort, vor der Pfarrkirche St. Chrysanthus und Daria, der Wochenmarkt statt. Seit über 800 Jahren steht die romanische Basilika an diesem Ort, und noch viel früher, im Jahr 830, errichtete die Abtei Prüm hier das Kloster, aus dem Bad Münstereifel wuchs. Der Kirchplatz ist also der Ort, an dem alles begann, aber auch der Ort, der für die Veränderung steht. Wer aus der Kirche auf den Platz tritt, blickt über die Marktstände auf erstaunlich viele Geschäfte. Der Grund: 2014 hat Bad Münstereifel sich neu erfunden, das Fachwerkstädtchen mit rund 1200-jähriger Geschichte und Kur-Tradition wurde zudem noch zum City Outlet. Markenläden, wie man sie im Zentrum jeder Großstadt findet, eröffneten ihre Filialen hier nicht in sterilen Einheitsbauten, sondern in historischen Häusern. Zu den schönsten zählen die Französische Lilie, ein Kontorhaus aus dem Jahr 1472, und das Windeckhaus aus dem 17. Jahrhundert, dessen Fachwerkfassade ein großes Schnitz-Kunstwerk ist. Gerade mal um die 4000 Einwohner zählt das Zentrum von Bad Münstereifel, trotz seiner beschaulichen Größe ist es zum Shopping-Ziel geworden – wobei zwischen den national bekannten Marken auch viele Traditionsgeschäfte ihren Platz behaupten. Das alteingesessene Haus der Hüte etwa feierte 2020 seinen 100. Geburtstag. Es liegt gleich neben dem Orchheimer Tor, einem der vier erhaltenen historischen Stadttore von Bad Münstereifel. Wer alle vier abspazieren möchte, folgt der nahezu vollständig erhaltenen Stadtmauer, die auf einem Stück von 220 Metern auch begehbar ist. Hinein ins historische Zentrum geht es vom Orchheimer Tor durch die Fußgängerzone, die sich als Promenade am Ufer des Flüsschens Erft fortsetzt. Dort kann man in Cafés und Restaurants gemütlich draußen sitzen. Wer eine regionale Spezialität genießen möchte, nimmt am besten Platz im Printenhaus Café Portz. Die Printen haben hier XXL-Format, sie sind fast so groß wie ein Pfund Butter und teils mit Schokolade und Nüssen ummantelt. Danach bräuchte es eigentlich einen längeren Spaziergang, als den nur fünf Minuten kurzen Aufstieg zur Burg Bad Münstereifel. Seit dem 14. Jahrhundert thront sie über der Erft, hier residierte und verstarb der Graf Gottfried von Bergheim. Sein Grab wiederum sieht man in der Basilika im Kirchplatz – alles ist nah beieinander in der kleinen Stadt.

Nur eine Viertelstunde läuft man von der Burg bis zum historischen Kurhaus, das erhöht auf der anderen Seite der Stadt liegt. Das Haus hat zwar aktuell geschlossen, ist aber auch von außen sehenswert. Und es liegt sehr schön: Oberhalb erstreckt sich der Kurgarten, unterhalb der ebenfalls begrünte Wallgraben.

ÜBERNACHTEN, GUT ESSEN, AUF TOUR GEHEN

Hotel Landhauszeit

Lena Oloff und Michael Starkel, sie Eiflerin, er Schweizer, haben 2018 dieses Hotel mit 15 Zimmern eröffnet, das sehr schön im Norden der Altstadt liegt. Er ist Biersommelier und bietet Bier-Tastings an. Sie veranstaltet Yoga-Seminare. Highlights: der schöne Garten und das opulente Frühstück.

Hubertusweg 15, www.landhauszeit.de

Die Frischeküche

Das kleine, feine Restaurant liegt mitten in der Altstadt. Auf der Karte stehen mediterrane Gerichte mit Pasta, Fisch und Fleisch. Beliebt sind auch die Tapasvariationen. Reservieren!

Markt 4, www.diefrischekueche.de

Rundgang mit Harald Bongart

Wenn jemand alle Besonderheiten der Stadt zeigen und mit zahllosen Geschichten untermalen kann, dann dieser Stadtführer!

Kontakt über die Tourist Information www.bad-muenstereifel.de

Pfarrkirche St. Chrysanthus und Daria
Kirchplatz 1

Haus »Französische Lilie«
Marktstr. 5

Windeckhaus
Orchheimer Str. 23

Haus der Hüte
Orchheimer Str. 37
www.hausderhüte.de

Printenhaus Café Portz
Wertherstr. 11
www.printenmanufaktur.de

Kurhaus
Nöthener Str. 10

1| Das Werther Tor, eines von vier erhaltenen Stadttoren, liegt am Nordende der Altstadt **2**| Im Hotel »Landhauszeit« gibt's Bier, Honig und Spezialitäten aus der Eifel **3**| An der Orchheimer Straße reihen sich Restaurants und Läden aneinander **4**| Schönste Outlet-Meile: die Wertherstraße an der Erft

GRAU VON SEINER SCHÖNSTEN SEITE: DER SCHIEFER GLÄNZT AUF DEN DÄCHERN VON MONSCHAU

Ein Kleinod nah der belgischen Grenze: die 12 000-Einwohner-Stadt Monschau

MONSCHAU

Man nehme: die stattlichen Häuser einer alten Tuchmacherstadt, eine feine Kaffeerösterei und einen Höhenweg mit Panoramablick. Das Ergebnis: der ideale Tagesausflug

ÜBERNACHTEN UND GUT ESSEN

Hotel Haus Flosdorff
Direkt am Markt kann man hier in Apartments übernachten. Das Restaurant serviert kein Frühstück, aber das »Café Kaulard« liegt direkt gegenüber.
Austr. 1, www.haus-flosdorff.de

Historische Senfmühle Restaurant Schnabuleum
Vom Markt läuft man eine Viertelstunde zur Mühle, in der seit mehr als 100 Jahren Senf hergestellt wird, heute in mehr als 20 Sorten. Im Restaurant nebenan kann man deftig essen.
Laufenstr. 118, www.senfmuehle.de

Monschaus Herzstück: der Markt mit Cafés und Restaurants

Die letzte der Tuchfabriken, die hier an der Rur feinste Stoffe herstellten, hat vor mehr als 100 Jahren geschlossen. Die stattlichen Häuser der reichen Monschauer des 17. und 18. Jahrhunderts aber sind geblieben – ein schöner Kontrast zum verwinkelten Fachwerk des Städtchens, das sich ab dem späten 12. Jahrhundert um die Burg Monschau (heute teils eine Jugendherberge) entwickelte. Vom einstigen Reichtum erzählen sehr anschaulich die Innenräume des Roten Hauses, erbaut 1752 vom Tuchmacher Johann Heinrich Scheibler und heute eines der Wahrzeichen der Stadt. Nur ein paar Meter entfernt steht das Haus Troistorff von 1783, besonders in der Vorweihnachtszeit zieht es die Blicke auf sich, wenn die kunstvoll gestalteten Fenster zum für alle sichtbaren Adventskalender werden. So sehenswert die einzelnen Gebäude sind: Am schönsten ist Monschau als Gesamtkunstwerk aus der Rur, die sich durch das Städtchen schlängelt, aus teils vom Alter in Schieflage gedrückten Häuserzeilen, Gassen, Brücken und Plätzen. Drehen Sie deshalb eine ausgiebige Runde durch die Altstadt, mit Stopp am Markt, wo sie sich mit einem Stück opulenter Torte im 1958 eröffneten Café Kaulard stärken können. Auf mehr als einen Kaffee geht es dann durch die belebte Rur- und Stadtstraße zur Caffee-Rösterei Wilhelm Maassen. Seit 1862 hat sie ihren Sitz in einem heute 300 Jahre alten Gebäude. Es lohnt sich, dort an einer rund 30-minütigen Führung mit Verkostung teilzunehmen. Packen Sie sich noch eine Flasche des dunklen und malzigen Caffeebiers ein – für unterwegs, denn nun geht es noch auf den rund zwei Kilometer langen Panoramaweg. Wer dort entlangspaziert, genießt die Stadt nochmal aus einer anderen Perspektive: von oben, mit Blick auf die vielen Schieferdächer.

Burg Monschau
www.jugendherberge.de/jugendherbergen/monschau-burg-455

Rotes Haus
Laufenstr. 10, www.rotes-haus-monschau.lvr.de

Café Kaulard
Markt 8, www.cafekaulard.de

Caffee-Rösterei Wilhelm Maassen
Stadtstr. 24, www.caffeeroesterei.de

Altstadtrundgang und Panoramaweg
Infos zu beiden unter www.monschau.de/de/erleben/wandern

1 | Seit 1862 Monschaus Haus für guten Kaffee: die Rösterei Wilhelm Maassen in der Stadtstraße 2 | Die Fußgängerbrücke überspannt die Rur, die Grätenfische an ihrer Unterseite sind ein Werk des Eifler Künstlers Hubert Kruft 3 | Kleine Kunstwerke für ein paar Euro gibt es im Automaten an der Burg

Eine der schönsten Ansichten von Monreal: durch die Kirchstraße auf die Philippsburg

MONREAL

Gleich zwei Burgen erheben sich oberhalb der Stadt. Unser Tipp: Spazieren Sie auf der traumhaften Ritterschlag-Route von der einen zur anderen!

Wie Monschau ist auch Monreal eine ehemalige Tuchmacherstadt mit vielen hübsch restaurierten Fachwerkhäusern. Mit seinen knapp tausend Einwohnern ist der Ort am Elzbach zwar eher ein Dorf als eine Stadt, umso größer aber ist Monreals Charme. Gleich zwei Burgruinen erheben sich oberhalb des Ortes, die Löwenburg und die Philippsburg verbindet der Traumpfad Monrealer Ritterschlag, der einmal um Monreal herumführt. Die ganze Strecke misst knapp 14 Kilometer, wer die große Runde läuft, hat gut 500 Höhenmeter zu überwinden und ist rund fünf Stunden unterwegs. An der Löwenburg lohnt sich der Aufstieg auf den 25 Meter hohen Bergfried, um die Aussicht über Monreal zu genießen. Im Ort selbst sollten Sie einen Blick in die Pfarrkirche Kreuzerhöhung werfen. Erbaut wurde sie um 1460 im gotischen Stil, davon zeugen die Kreuzrippen im Altarraum, der goldverzierte Altar reicht fast bis an die Decke. Für eine schöne Pause haben Sie danach gleich mehrere Optionen: Setzen Sie sich mit einem Kaffee auf die Sonnenterrasse des Alten Pfarrhauses, das idyllisch an der Elz liegt. Oder aber Sie kehren in der Traditionskonditorei Brixius-Eck ein, die seit 140 Jahren ihre Heimat in einem besonders sehenswerten Fachwerkhaus hat. Von dort schlendern Sie weiter über den Marktplatz und bewundern eines der ältesten und auffälligsten Schmuckstücke von Monreal: Das 1452 erbaute Viergiebelhaus wird heute als Rathaus genutzt und ist bei Brautpaaren ein beliebter Ort für Trauungen. Wer Monreal mit fachkundiger Begleitung erkunden möchte: Jörg Geisbüsch kennt so ziemlich jeden Stein des Ortes und unzählige Geschichten – die er auch gerne während eines Mondscheinrundgangs erzählt.

Eifel-Traumpfad Monrealer Ritterschlag
www.traumpfade.info/pfad/traumpfad/monrealer-ritterschlag

Café Altes Pfarrhaus
Kirchstr. 23, www.altes-pfarrhaus-monreal.de

Café-Konditorei Brixius-Eck
Grabenstr. 1, www.brixius-eck.de

Viergiebelhaus
Marktplatz 1

Rundgänge durch Monreal
www.am-olle.de

ÜBERNACHTEN UND GUT ESSEN

Gästehaus am Markt
Das Haus aus dem Jahr 1850 steht mitten im Herzen der Stadt – aber keine Sorge: auch im Ortskern sind die Nächte ruhig. Inhaberin Astrid Dott vermietet drei Doppelzimmer.
Obertorstr. 8, www.gaestehaus-monreal.de

Weinschänke Stellwerk
Das lichtdurchflutete alte Bahnhofsgebäude, rund eine Viertelstunde Fußweg vom Marktplatz gelegen, ist seit bald 30 Jahren ein Genussort. Zu Steaks und Rösti oder Salaten gibt es gute Weine.
Am Bahnhof 5, www.stellwerk-monreal.de

Kreuzrippen an der Decke und ein prächtig verzierter Altar in der Pfarrkirche Kreuzerhöhung

Schön gelegen und individuell

Ein restaurierter Bauernhof, ein Wellnesshotel am Maar, eine Jugendherberge am Nationalpark: unsere liebsten Unterkünfte in der Eifel

Die Einkehr

Das Boutiquehotel, über dem die Burg Kerpen thront, war zu Napoleons Zeit Bürgermeisteramt, dann viele Jahre ein Bauernhof. Und dessen ländliche Behaglichkeit strahlen die fünf Zimmer noch heute aus: Sie haben Dielenböden und Holzbalken an den Decken. Alle sind mit Boxspringbetten ausgestattet. Das Restaurant befindet sich in der früheren Scheune, auf der Karte stehen deutsche und italienische Gerichte.

Kerpen, Bachstr. 2, Tel. 06593 3099600
www.die-einkehr.de

Hofgut Sachsen Wagner

Der Bio-Bauernhof mit modern eingerichteten Zimmern und Ferienwohnungen liegt mitten in der Natur der Südeifel. Zum Haus gehören weite Grünflächen und eine Kochschule. Wer nicht selbst an den Herd möchte, kann im Restaurant sehr gut essen: zum Beispiel Eifeler Spezialitäten, hausgemachte Pasta oder Carpaccio von den Black-Angus-Rindern, die die Familie auf den umliegenden Weiden hält.

Geichlingen, Hauptstr. 14, Tel. 06566 93063
www.sachsen-wagner.de

NaturPurHotel Maarblick

Tagsüber durch die Vulkaneifel wandern, abends in der Sauna oder im Dampfbad entspannen: Aktivurlauber schätzen das Haus beim Meerfelder Maar. In den Tag starten können Sie im Barfußgarten oder mit einer Massage – und dann mit Eifeler Wurst, Biokäse und Obstsalat auf der Terrasse.

Meerfeld, Meerbachstr. 52, Tel. 06572 4494
www.naturpurhotel.de

Richtig gemütlich können es sich Gäste der »Einkehr« im Kaminzimmer machen. Hier gibt es eine Bibliothek, in der man auch einen Tee oder Wein trinken darf

Für Naturfreunde

Jugendherberge Gemünd Vogelsang

Die Holzverkleidung passt zur Lage am Rand des Nationalparks Eifel. Das neue Haus verfügt über 56 Zimmer (davon 24 DZ und vier barrierefreie Räume) sowie 20 überdachte Stellplätze für Fahrräder.

Schleiden, Im Wingertchen 9
Tel. 02444 914920
www.jugendherberge.de

Für Gourmets

Kuchers Landhotel

Das Hotelrestaurant hat nicht nur einen Michelin-Stern, sondern auch 1700 Weine im Keller, darunter Raritäten. In der Koch-Akademie lernt man von Chef Florian Kucher und seinem Vater Martin.

Darscheid, Karl-Kaufmann-Str. 2
Tel. 06592 629
www.kucherslandhotel.de

Für Erholungsbedürftige

Michels Wohlfühlhotel

Wer auf dem Eifelsteig am Schalkmehrener Maar vorbeikommt, kann hier einen Wellness-Stopp einlegen und sich im Pool, in der Sauna oder beim Yoga entspannen.

Schalkenmehren, St.-Martin-Str. 9
Tel. 06592 9280
www.landgasthof-michels.de

Der Garten mit Heckenlabyrinth gehört zum Kloster Steinfeld. Durch die großen Fenster im Hotelrestaurant des «Hofguts Sachsen Wagner« blickt man in die grüne Umgebung

Einkehr bei Mönchen, Zweisamkeit im Turm: wo übernachten ein Erlebnis ist

Kloster Steinfeld

Zwölf Mönche und Nonnen des Salvatorianer-Ordens haben in der Nordeifel ein besonders schönes Zuhause: die Klosteranlage mit rund 1000-jähriger Geschichte, aus der die weißen Türme der romanischen Basilika herausragen. Das Beste daran: Seit 2015 sind dort Gäste willkommen. In drei Gästehäusern befinden sich 150 Zimmer und eine Gemeinschaftsunterkunft. Man hat die Wahl: zwischen einfachen und entsprechend günstigen Zimmern ohne Fernseher und Reinigung während des Aufenthalts und komfortableren Zimmern, bei denen beides plus WLAN und Minibar inklusive ist. Yoga und Meditation werden für alle angeboten, abschalten kann man aber auch bei einem Spaziergang durch den schönen Garten. Hübsch: das Café mit integriertem Laden.

Kall, Hermann-Josef-Str. 4
Tel. 02441 889131, www.kloster-steinfeld.de

Wasserturm Utscheid

Einer der kleinsten (rund 16 Meter hoch) und jüngsten Wassertürme Deutschlands (1956 erbaut) bekam in den neunziger Jahren unter der Regie des Architekten Oswald Mathias Ungers ein Innenleben als Ferienwohnung. Die ist heute 80 Quadratmeter groß, verteilt sich auf vier Stockwerke und wurde inzwischen mit allem möglichen Komfort, darunter ein Whirlpool, ausgestattet. Der größte Luxus aber ist die Zweisamkeit mit Weitblick, der Turm steht in der Weite der Südeifel, unweit der Grenze zu Luxemburg.

Utscheid, Zum Wasserturm
Tel. 06561 6977360, www.relax-cottage.com

Wagenburg Simmerath

Vom bunten Zirkuslook bis zum Wild-West-Stil: Die restaurierten Bauwagen heißen etwa Elvira oder Joe, liegen am Rurseeufer in Woffelsbach und machen Lust auf Natur- und Abenteuerurlaub. Platz haben zwei bis sechs Personen, in den Blockhütten nebenan maximal acht.

Simmerath, Promenadenweg 5
Tel. 02473 9378400
www.naturbewegtdich.de

um 1903

Es ist eine Baustelle der Superlative: Seit 1899 entsteht im Urfttal eine Talsperre in einer Dimension, wie man sie in Europa noch nicht gesehen hat. Der Kopf hinter dem Projekt ist ein Professor aus Aachen namens Otto Intze. Er hat eine neuartige Konstruktionsweise entwickelt; der nach ihm benannte Intze-Keil im unteren Teil der Staumauer sorgt für besondere Stabilität, nach oben zieht sich ein Kaskadenhang mit Stufen. Ganze 58 Meter überbrückt die Talsperre in der Höhe. Ein Mammutprojekt. Die Arbeitskräfte dafür sind bis aus Südeuropa angereist. Eine 12 Kilometer lange Bahnlinie wurde eigens errichtet, um Mensch und Gerät vom Bahnhof Gemünd zur Baustelle zu bringen. All der Aufwand dient einem einzigen Zweck: die Natur zu zähmen. Denn bis zu diesem Zeitpunkt sind die Mühlen und Fabriken im Dürener Raum abhängig vom Pegel der Rur. Führt sie zu viel oder zu wenig Wasser, bremst das die gerade Fahrt aufnehmende Industrie komplett aus. Die Talsperre soll dem ein Ende setzen. Sie wird das Flusswasser anstauen, die Region vor Hochwasser schützen und noch dazu für zusätzlichen Strom sorgen, der Maschinen und Motoren antreibt: Wasser aus dem künftigen Urftstausee soll über einen neu in den Stein getriebenen Stollen ins 110 Meter unterhalb liegende Kraftwerk Heimbach fließen, das 1905 eröffnet. Es wird bis heute in Betrieb bleiben und wie die Talsperre eine Sehenswürdigkeit werden. Sein Spitzname: Jugendstilkraftwerk.

Die Kraft von Mensch und Wasser

Im Urfttal bei Gemünd entstand vor 120 Jahren die damals **größte Talsperre Europas.** Ein massiver Eingriff des Menschen in die Natur, der aber heute auch ihrem Schutz dient

2020

45 Millionen Kubikmeter Wasser fasst der Urftstausee im Nationalpark Eifel. Der Bau von damals bewährt sich bis heute, die 226 Meter lange Mauerkrone ist noch genauso zu sehen wie der Kaskadenhang mit den 33 Stufen. Unberührt sind die Staumauern aber nicht, ein Drainagesystem und Kontrollgänge wurden eingebaut, um das über 100 Jahre alte Konstrukt überwachen zu können. Die Natur hat dem Menschen, so scheint es, das massive Bauwerk verziehen. Der Stausee ist Brutgebiet von Graureihern, Kormoranen und Milanen und für Wanderer nur an der Nordseite auf dem Urftseerandweg zugänglich. Dafür können Besucher aber einen Panoramablick genießen – von Professor Intzes Staumauer.

TEXT **ELMAR BRÜMMER**

DER SCHNELLE PULS DER EIFEL

Sternstunden: Mit fünf Titeln ist Michael Schumacher Rekordsieger am Nürburgring, das letzte Mal gewann er 2006 im Ferrari (rechts). 1936, als Boxenstopps noch deutlich länger dauerten (links), holte der Rennstall den dritten Platz

Legendäre Triumphe, höllische Crashs: Der Nürburgring ist eine der längsten und schwierigsten Rennstrecken der Welt – aber auch eine der schönsten. Um durch seine Kurven zu fliegen, muss man kein Profi sein

Das Caracciola-Karussell mit dieser Haarnadelkurve ist ein Teil der Nordschleife. Die taufte der dreimalige Formel-1-Champion Jackie Stewart einst »Grüne Hölle«

W

Wenn es in der Pistenklause von Nürburg um Standpunkte geht, sind damit vor allem Bremspunkte gemeint. Verschwörerisch versuchen die Herren des Ringes, den Novizen, von denen hier auch immer welche sitzen, den Zauber der nahen Rennstrecke zugänglich zu machen. Zum Abschied warnen einen die einheimischen Schwärmer, unter allen Umständen Respekt zu zeigen. Einer empfiehlt, einfach dem Bauchgefühl zu vertrauen.

Der Nürburgring ist eben nicht irgendeine Rennstrecke, denkt man sich da. Aber wie können etwas mehr als 20 Kilometer Asphalt so viel Hingabe auslösen? Am folgenden Morgen, genauer, in dem Moment, als es als Beifahrer in einem Sportwagen runtergeht von der breiten und komfortablen Grand-Prix-Piste, hinüber zur engen, wilden Nordschleife, löst sich diese Frage in Zentrifugalkraft auf. Jetzt grollt der Motor, als wisse jede einzelne Pferdestärke schon, was da kommt. Denn hier beginnt der Teil der Strecke, der für Kenner der echte Nürburgring ist, der ursprüngliche – jene 33 Links- und 40 Rechtskurven, die den Ruf als anspruchsvollste Rennstrecke der Welt asphaltieren.

An der ersten Kuppe schon fühlt man als tief in seinen Sitz gedrückter Novize so intensiv wie noch nie, wo das Bauchgefühl liegt. Über die nächsten zehn Minuten, in einer nach örtlichen Maßstäben vergleichsweise gemächlichen Run-

de, prägt sich die Topografie der Hocheifel intensiv in der Magengrube ein. Was hier mit einem passiert, übersteigt jede Vorstellung von Autofahren bei Weitem. Der Profi am Steuer bleibt stoisch, später wird er erzählen, dass Rennfahrer ihr Gefühl für die Strecke ganz woanders sitzen haben: im Allerwertesten.

Die meisten Rennstrecken sind zwischen vier und sieben Kilometer lang, einige von ihnen, Monaco oder Monza etwa, haben es zu Ruhm gebracht. Aber keine ist wie diese, keine so legendär – und so unfassbar. Bis zu elf Prozent Gefälle und 17 Prozent Steigung weist das Höhenprofil aus, die höchste Stelle bei Start-Ziel liegt auf gut 620 Metern und die niedrigste bei Breitscheid auf 320 Metern. Mit der heute nicht mehr befahrenen Südschleife brachte es der Ring in seiner längsten Ausprägung auf stolze 28 Kilometer.

Die Boliden wurden mit den Jahren aerodynamischer, die Strecke und das Wetter in der Eifel blieben eine Herausforderung – ob bei einem riskanten Überholmanöver 1937 (links) oder beim Grand Prix 1968 (rechts)

Was für ein Unterfangen, als 1925 die Bauarbeiten an Deutschlands »erster Gebirgs-, Renn- und Prüfungsstrecke« begannen, gleichermaßen zum Wohl der Automobilindustrie als auch zur Arbeitsbeschaffung für den darbenden Landkreis Adenau war sie gedacht. Ein »touristischer Leuchtturm für die Hocheifel« sollte geschaffen werden, die Glückwünsche zur Eröffnung am Fronleichnam-Wochenende 1927 überbrachte der preußische Wohlfahrtsminister persönlich. Gut zwei Jahre lang hatten 3000 Arbeiter vornehmlich per Hand geschuftet, immer bemüht, das Landschaftsbild nur kaum merklich zu beeinträchtigen. Noch heute duckt sich das schmale Straßenband in die Wälder und Senken, nur hier und da blitzen rot-weiße Randsteine auf, sind nachträglich angelegte Auslaufzonen und Fangzäune sichtbar. Die meisten Zuschauerplätze befinden sich auf einfachen Erdwällen oder Wiesen.

Rudolf Caracciola, der Sieger des ersten Rennens auf dem Ring, hat es so ausgedrückt: »Als wir zum Nürburgring kamen, rissen wir die Augen auf. So etwas hatten wir noch nicht erlebt. Eine Strecke mit Steigungen, die dem Motor scharf an die Lungen griffen, aber auch mit unsagbar schönen Ausblicken weit über das Land, auf Täler und Dörfer.« Am 19. Juni 1927 fand dieses erste Rennen statt. Der bisweilen brutale Gegensatz zwischen dem Rausch der Geschwindigkeit und dem der Entschleunigung formte früh die Legende. Zum Mythos der deutschen Autobahn gesellt sich bis heute der des Nürburgrings, jedenfalls unter Automobilenthusiasten. Das Erkennungszeichen der Fangemeinde ist ein eher unauffälliger Aufkleber, der den Umriss der Nordschleife zeigt. Es soll aber auch Menschen geben, die dem Ring so verfallen sind, dass sie sich ein Tattoo seiner Silhouette stechen lassen.

Die schnelle Runde über die Nordschleife – der Rekord liegt bei knapp über fünf Minuten – ist vergleichbar mit der Fahrt durch eine Bobbahn. Nur dass der Kanal hier nicht aus Eis besteht, sondern aus hüfthohen, rot-weiß lackierten Leitplanken und einer Waldkulisse, die bei Tempo 200 zum grünen Einheitsbrei wird. Manchmal erlauben hängende Kurven einen kurzen Blick auf das Grau der Strecke, doch schon wird es wieder hellblau, das Auto scheint in den Himmel zu schießen, um gleich danach wieder abzutauchen ins dunkle Tal. Irgendwann wird alles eins. Hinter jedem Knick lauert die Ungewissheit, der ganze Körper bewegt sich im Rhythmus der Piste. Der Ring ist eine Zumutung für Bremsbeläge, Fahrwerk und den Magen. Warum einer der bekanntesten Streckenabschnitte Karussell heißt, erschließt sich sofort.

Warum die Investoren 2009 an der Start- und Zielgeraden eine Achterbahn namens Ring-Racer hingestellt haben, umso weniger. Das schnelle Vergnügen hat mit der Legende nichts gemein, und es hat auch nicht funktioniert. Als 2014 der Düsseldorfer Autozulieferer Capricorn den Nürburgring kaufte, war der Ring-Racer schon wieder stillgelegt. Heute wird seine Investitionsruine manchmal illuminiert. Aber eigentlich verträgt die Natur des Nürburgrings keine artifizielle Überhöhung.

Ein Rennen, zwei Sieger: Christian Werner und Rudolf Caracciola gewannen 1928 den dritten Großen Preis von Deutschland. Werner übernahm Caracciolas Mercedes-Benz, nachdem der bei Temperaturen von 35 Grad im Schatten einen Hitzschlag erlitten hatte

Einsame Spitze: Jackie Stewart fuhr 1973 im blauen Tyrell einen Start-Ziel-Sieg ein, bei dem ihm die Zuschauer am Streckenrand teils näher waren als die Konkurrenz

DIE NORDSCHLEIFE

»Schwer zu fahren, leicht zu sterben«, so beschrieb Formel-1-Pilot Jochen Rindt einst die legendäre Nordschleife. Bis zu elf Prozent Gefälle und 17 Prozent Steigung hat die etwas mehr als 20 Kilometer lange Strecke, auf der von 1927 bis 1976 große Rennen ausgetragen wurden. Heute wird sie noch für Testfahrten oder etwa für das ADAC 24-Stunden-Rennen genutzt.

DIE GRAND-PRIX-STRECKE

Weil die Nordschleife aus Sicherheitsgründen nicht mehr befahrbar war, baute man drei Jahre lang diese kleinere Strecke, die 1984 eröffnet wurde. Sie ist heute 5,1 Kilometer lang, hat 16 Kurven und ermöglicht eine Durchschnittsgeschwindigkeit von 185 Stundenkilometern – den Profis natürlich, als Tourist sollte man nicht ganz so stark aufs Gaspedal drücken.

Motorsport ist hier zwar immer schon professionell betrieben worden, er hat sich aber stets auch seine Ursprünglichkeit bewahrt, als ob die Landschaft und die Mentalität der Menschen am Ring auch die Fahrer erden würden. Im Esszimmer von Anneliese Michels steht eine Kasserolle auf dem Tisch, es gibt Döppekooche mit Apfelkompott, einen Topfkuchen aus Kartoffeln und Speck. An Wochenenden ist in der Pension am Waldrand von Oberbaar, nur ein paar Autominuten vom Ring entfernt, viel los. Rennfahrer, Radfahrer, Mechaniker, Wander-Touristen, Heavy-Metal-Fans, Oldtimerfreunde, Formel-1-Verrückte: Frau Michels gilt als Geheimtipp, viele Gäste buchen hier seit Jahrzehnten. Wenn alle Betten ausgebucht sind, räumen die Michels ihr Schlafzimmer und ziehen in den Keller. Von Frau Michels lernt man, dass »Nürburg« korrekt und ganz weich »Nürbursch« auszusprechen. Die Besucher schwärmen von der Ursprünglichkeit, für die Gastgeberin sind die Gäste mit ihren Geschichten wiederum ein Fenster zur Welt.

Jedes Mal, wenn er seinen Wohnsitz am Genfer See in Richtung Eifel verließ, habe er noch einmal in den Rückspiegel geschaut – vielleicht würde er sein Anwesen ja nie wiedersehen, erzählte der dreimalige Formel-1-Weltmeister Jackie Stewart einmal. Es ist das, was die großen Rennfahrer von den Hasardeuren des Motorsports unterscheidet: die Demut, die sich zum Mut gesellt.

Die Gefahr bekräftigt den Mythos. Eng mit der Nordschleife und ihrem Ende als Formel-1-Strecke ist der wohl bekannteste Crash der Königsklasse verbunden – Niki Laudas Unfall im Streckenabschnitt Bergwerk 1976. Der Große Preis von Deutschland fand in diesem Jahr ein letztes Mal auf dem Nürburgring statt, die Fahrergewerkschaft hielt die Piste für nicht mehr zeitgemäß angesichts der hohen Geschwindigkeit moderner Rennwagen. In der zweiten Runde kreiselte Laudas Ferrari in die Leitplanken, fing Feuer, wurde von einem anderen Auto gerammt. Andere Piloten hielten an, der Italiener Arturo Merzario wagte sich in die Flammen und löste Laudas Sicherheitsgurt. Der Österreicher überlebte 85 Sekunden im Feuer mit schweren Verbrennungen und Verätzungen an der Lunge – saß aber 42 Tage später wieder im Rennauto und wurde noch zweimal Weltmeister. Die dramatischen Bilder zementierten das feststehende Aus der Nordschleife.

Aber es war nicht das Ende des Nürburgrings, sondern ein Neuanfang. 1984 wurde die Grand-Prix-Strecke eröffnet, breit und sicher, aber nur noch 5,1 Kilometer lang. Beflügelt vom deutschen Motorsportboom um Michael Schumacher baute man sie weiter aus, bis sie zum Spielball von Politikern und Investoren wurde.

Die Nordschleife konnte ob ihrer Ursprünglichkeit und Popularität die Querelen, das finanzielle Desaster und den Größenwahn überleben. Sie profitierte vielleicht sogar davon. Andere Veranstaltungen rückten in den Vordergrund. Solche, die Zigtausende Zuschauer anlocken, die vorzugsweise auf den Wiesen rund um die Strecke ihre Zelte aufschlagen: Das 24-Stunden-Rennen, die Festivals von Rock am Ring, aber auch Oldtimer-Grand-Prix und Truck-Rennen sorgten für das wirtschaftliche Überleben und die Rückkehr einer eher volkstümlichen Atmosphäre. Campino von den »Toten Hosen« nannte den Nürburgring »sein Wohnzimmer«.

Die Geschichte feiern, die Zukunft fördern: Beim Nürburgring Classic treten heute alte Rennwagen wie der Borgward 1500 RS Hansa von 1953 an (rechts). Den Rekord für die schnellste Runde über die Nordschleife hält seit 2018 ein hochmoderner Bolide, der Porsche 919 Hybrid (links)

Und bis heute nehmen Hobby-Rennfahrer die alte Strecke in Beschlag, unzählige YouTube-Videos zeugen von kleinen Triumphen über die Angst, aber auch von heftigen Blechschäden vor Aufregung und Übermut. Prinzipiell kann sich jeder mit Führerschein und Auto oder Motorrad zu bestimmten Zeiten auf die Strecke wagen. Es gilt die Straßenverkehrsordnung, aber weit häufiger als auf herkömmlichen

Straßen kommt es zu gefährlichen Situationen. Rettungs- und Feuerwehrwagen sind über die Strecke verteilt, es kursiert die Zahl von 400 Toten über die Jahrzehnte. An manchen Zäunen hängt die Warnung »Vorsicht, Lebensgefahr«. Wer auf Nummer sicher gehen will, bucht besser eine Runde mit dem Ringtaxi.

Immer noch ist für viele Automobilhersteller die Nordschleife ob ihrer einmaligen, fordernden Charakteristik ein wichtiger Referenzpunkt bei der Fahrzeugentwicklung. Auch wenn der Spruch »Jeder lobt, was Nürburgring erprobt« als Gütesiegel etwas verstaubt wirkt, wird die Strecke immer noch die Hälfte des Monats exklusiv an Industriekunden vergeben.

Das Suchtpotenzial der Nordschleife kann keiner besser beschreiben als Rainer Braun, der sie als Fahrer, Journalist und Streckensprecher kennt: »Diese knüppelharte, furchterregende Abfolge von Kurven, Geradeaus-Abschnitten und Sprunghügeln, die Kapriolen des Eifel-Wetters und all die anderen Stolperfallen wollen einfach nur bezwungen werden, ohne Wenn und Aber – und das in jeder Runde neu. Entweder schaffst du den Ring, oder der Ring schafft dich.«

Elmar Brümmer war mit acht Jahren zum ersten Mal als Zuschauer an der Nordschleife. Er kam sehr oft wieder und wurde Motorsport-Journalist.

DEN RING ERLEBEN

Mit dem Auto oder Motorrad Wer selbst über die Nordschleife oder die Grand-Prix-Strecke fahren möchte, kann das bei sogenannten Touristenfahrten tun, die online buchbar sind. Wer den Beifahrersitz bevorzugt, bucht eine Tour im Ringtaxi. Und wer generell seine Fähigkeiten am Steuer für den Straßenverkehr schulen möchte, ist im Fahrsicherheitszentrum bestens aufgehoben. Über weitere Angebote für Oldtimer, Fahrzeugvermietung oder Fahrertrainings informiert die offizielle Website.

Touristenfahrt:
www.greenhelldriving.nuerburgring.de

Taxifahrt: www.ringtaxi.com oder
www. gt3-renntaxi.com

Fahrsicherheitstraining: www.fszn.de

Weitere Angebote: www.nuerburgring.de

Mit dem Rad oder zu Fuß Läufern und Radfahrern steht die Strecke in den Abendstunden offen, Tickets gibt es im Info-Center. Auch Wegführungen werden entlang der Strecke angeboten.

Rad- und Lauftreff: www.nuerburgring.de

Führungen: www.hocheifel-nuerburgring.de

Abseits der Piste Neben dem Nürburgring befinden sich noch eine Kartbahn, eine Off-Road-Piste und eine Mountainbike-Arena mit drei Rundkursen. Und im Ringwerk gibt es ein interaktives Motorsportmuseum samt 3-D-Kino.

Mehr Infos: www.nuerburgring.de

ÜBER NACHT

Direkt an der Strecke befinden sich Drei- und Vier-Sterne-Hotels, in der Nähe liegt auch ein Ferienpark mit 99 Ferienhäusern und drei Campingplätzen. Besonders zu empfehlen: das herrlich heimelige »Gästehaus Michels«, sieben Kilometer von der Strecke entfernt.

Baar-Oberbaar, Mühlenweg 34, Tel. 02656 504

ESSEN UND TRINKEN

Grüne Hölle ist nicht nur der Spitzname der Nordschleife, so heißt auch das Eifeldorf hinter der Start- und Zielgeraden, konzipiert als gastronomischer Vergnügungspark. Auf dem Gelände befindet sich etwa das Bitburger Gasthaus mit großer Terrasse. Geöffnet ist das Areal allerdings meist nur bei Großveranstaltungen und für Firmen-Events.

Er ist der bekannteste Förster des Landes, in seinem Bestseller »Das geheime Leben der Bäume« erklärt **Peter Wohlleben** den Deutschen den Wald. Wie der vielleicht zu retten wäre, zeigt er in seinem Revier in der Eifel: indem er ihn in Ruhe lässt

INTERVIEW **KALLE HARBERG** FOTO **DOMINIK KETZ**

Peter Wohlleben, 1964 in Bonn geboren, arbeitete zwei Jahrzehnte in der rheinland-pfälzischen Landesforstverwaltung, bevor er in der Eifel sein eigenes Revier bekam. Sein 2015 veröffentlichtes Buch »Das geheime Leben der Bäume« war ein internationaler Erfolg, wurde in mehr als 20 Sprachen übersetzt und diente als Vorlage für einen Kinofilm. Wohlleben arbeitet heute als Autor und Seminarleiter in seiner 2016 gegründeten Waldakademie – und nach wie vor als Förster. Er lebt mit seiner Familie in Hümmel, wo die Hocheifel an die Nordeifel grenzt.

M

MERIAN: Herr Wohlleben, haben Sie sich eigentlich schon einmal im Wald verirrt?

PETER WOHLLEBEN: Ja. Das war in Lappland, wo der Wald ein bisschen niedriger ist, teilweise nur kniehoch. Meine Frau und ich waren wandern, und wir haben wirklich die Orientierung verloren. Damals hatten wir noch kein Handy mit GPS, sind einfach mit einer Karte losmarschiert und dann woanders rausgekommen – was relativ ungünstig ist, weil da gibt's ja nichts.

Wenn man Ihnen die Augen verbinden und Sie in Ihrem Revier in der Eifel aussetzen würde, dann fänden Sie aber den Weg zurück in die Zivilisation, oder?

Hier ist das völlig unproblematisch. Ich war einfach schon zigmal an allen Stellen und würde sie sofort erkennen.

Sie sind ein Stadtkind – in Bonn geboren, in Sinzig groß geworden. Wie haben Sie Ihre Liebe zur Natur entdeckt?

Das kann ich gar nicht so genau sagen. Mit dem familiären Umfeld hatte es nichts zu tun. Mein Vater hat im Finanzministerium gearbeitet, meine Mutter als medizinisch-technische Assistentin im Krankenhaus. Aber ich weiß, dass ich mit sechs Jahren schon Naturschützer werden wollte. Zu Hause hatte ich immer Tiere – eine Wasserschildkröte etwa oder ein Küken, das ich auf einem Heizkissen ausgebrütet habe. Damals habe ich Experimente nachgemacht, von denen ich bei dem berühmten Zoologen Konrad Lorenz gelesen hatte.

Sie sind dann nicht Zoologe, sondern Förster geworden. 1991 kamen Sie in die Gemeinde Wershofen, die Sie bis heute als Ihr Traumrevier bezeichnen. Was ist hier so besonders?

Heute würde ich das am Wald festmachen. Durch unser Urwaldprojekt konnten wir noch sehr viele alte Buchenwälder erhalten. Es ist ein traumhafter Wald. Damals reizte mich auch das Forsthaus, das dazu gehörte und das wir mittlerweile gekauft haben. 5000 Quadratmeter Garten. Super.

Trotzdem waren Sie 2006 so desillusioniert von der traditionellen Forstverwaltung, dass Sie Ihre Stelle kündigten und nach Schweden auswandern wollten. Was hat Sie umgestimmt?

Der Bürgermeister hat gesagt: Nein, nein, bleib mal schön hier! Wir finden eine Lösung, gründen ein eigenes kommunales Forstrevier und stellen dich ein. Davor war es ein staatliches Forstrevier. Und staatliche Forstverwaltungen sind eben auch die größten Holzverkäufer in Deutschland, was das Bundeskartellamt schon seit vielen Jahren zu ändern versucht. Das Bundesverfassungsgericht hat übrigens schon 1990 gesagt: Im öffentlichen Wald darf Holzerzeugung nicht

»WENN ICH EIN BAUM WÄRE, DANN GERNE GUT VERNETZT«

Peter Wohlleben traf das MERIAN-Team zum Gespräch im Foyer seiner Waldakademie

Rheinland-Pfalz ist eines der baumreichsten Bundesländer – 42 Prozent der Fläche sind bewaldet

im Vordergrund stehen, Schutz und Erholung gehen vor.

Was ist Ihre Vision für diesen Wald?

Hier in Wershofen machen wir Forstwirtschaft so, dass der Wald im Fokus steht und nicht die Holzerzeugung. Wir haben den Holzeinschlag massiv reduziert, setzen nur schonende Methoden ein und erlauben die natürliche Entwicklung des Waldes. Das heißt bei uns Laubwald und keine Plantagen von Fichten. Die paar, die wir davon noch haben, verschwinden gerade. Auslöser ist der Klimawandel, aber die Ursache ist natürlich, dass diese Bäume hier nicht heimisch sind und sich schlecht halten. Meine Vision ist ein stabiler, halbwegs natürlicher Wald, der gut durch die Klimakrise kommt. Und das ist alter Laubwald.

In Deutschland wurden vor allem in den fünfziger und sechziger Jahren Plantagen von Monokulturen wie Fichten oder Kiefern gepflanzt.

Diese klassische Forstwirtschaft scheitert im Moment krachend. Es sterben überwiegend Fichten- und Kiefernplantagen, teilweise brennen sie sogar ab. Und was macht man? Man räumt diese Flächen ab und macht genau dasselbe nochmal mit anderen Baumarten – übrigens auch nicht heimische, sondern Douglasie, Roteiche, Esskastanie. Währenddessen kommen auf den Flächen, die man sich selbst überlässt, heimische Laubbäume zurück. Auf dem Tennisplatz hier im Dorf, der seit drei Jahren brach liegt und über den drei heiße Sommer gezogen sind, wo der Boden dicht und nur aus Sand ist, da stehen heute bestimmt zehn verschiedene Baumarten. Das geht alles von alleine, aber es bedeutet eine gewisse Zurückhaltung.

Ist der gesündeste Wald der, in den kein Mensch eingreift?

Logischerweise. Es hilft, sich zu überlegen, wie wir diese Frage für den tropischen Regenwald beantworten würden. Sollen wir im Amazonas alle 20 Meter eine Maschinenschneise reinhacken? Sollen wir zwei Drittel der Bäume rausholen? Sollen wir ein Straßennetz von 13 Kilometern pro Quadratkilometer reinlegen? Da würde jeder sagen: Bitte nicht! Aber das sind deutsche Verhältnisse.

In Ihrem Buch »Das geheime Leben der Bäume« beschreiben Sie Bäume als soziale Wesen. Welche Beziehungen können Bäume entwickeln?

Dass sie sich umeinander kümmern können, ist durch knochentrockene Wissenschaft belegbar. Als Beispiel: Bei den Buchen versorgen Mutterbäume ihren Nachwuchs, das kann man über radioaktiv markierte Zuckermoleküle feststellen. Und es ist eine aktive Entscheidung, mit welchem

»BÄUME KÖNNEN SICH UMEINANDER KÜMMERN«

Baum sie sich verknüpfen – ansonsten könnten sie sich anstatt mit einer Buche ja auch mit der nächsten Eiche verbinden. Außerdem gibt es starke Hinweise auf ein echtes Schmerzempfinden. Das ist ein Forschungsergebnis der Universität Bonn, also seriöser Grundlagenforschung.

Wenn Sie ein Baum wären, haben Sie mal gesagt, dann eine Buche. Wieso?

Weil ich ein Familienmensch bin. Buchen kenne ich halt besonders gut, sie sind die typische Baumart hier bei uns. Das ist ein Urwaldbaum, und die sind meistens sehr familiär aufgestellt. Die Familienverbände kooperieren miteinander, das ist alles sehr schön belegt, übrigens auch durch Forschung hier im Revier. Sagen wir mal so: Wenn ich ein Baum wäre, dann gerne gut vernetzt.

Können Bäume auch gewalttätig sein?

Ja, sogar über ihre Komplizen. Bäume brauchen eine gewisse Menge Stickstoff. Wenn der Bodenstickstoff zu gering ist, sondern verbündete Pilze, die den Stickstoff selbst gar nicht brauchen, Gifte ab, um kleine Lebewesen im Boden zu töten, damit die beim Zersetzen Stickstoff für die Bäume freisetzen. Bäume sind also, wenn man es mal ganz konsequent ausdrückt, nicht einmal Vegetarier.

Für Ihre Vermenschlichung von Bäumen werden Sie teilweise von Wissenschaftlern kritisiert. Würden Sie Bäumen auch Namen geben?

Das bin ich nicht gewöhnt, aber grundsätzlich muss man sagen: Warum nicht? Interessanterweise findet man es ja nicht merkwürdig, wenn Menschen ihrem Auto einen Namen geben, was sehr verbreitet ist. Bei Bäumen würde man sagen: Jetzt ist aber gut! Also ich fände das nicht komisch, mache es aber nicht, weil ich so nicht erzogen wurde und auch nicht das Bedürfnis habe.

Die Zeitspannen von teils mehreren Tausend Jahren, die Bäume leben können, sind für viele schwer vorstellbar. Für Sie auch?

Mir geht es genauso. Im Studium haben wir gelernt, dass ein junger Baum ein paar Jahrzehnte wächst, dann die richtige Größe hat und schlagreif ist. In der Forstwirtschaft diskutieren wir durchschnittlich über 80 Jahre. Und dann sieht man auf einmal, dass eine 1,40 Meter hohe Buche schon ungefähr 100 Jahre alt ist. Normalerweise würde man sagen, der Baum müsse einen halben Meter dick sein, er ist aber nur fingerdick. Im schwedischen Dalarna gibt es eine Fichte, die ist kaum zimmerhoch und fast 10000 Jahre alt. Gerade heute morgen habe ich mit einem Waldschützer in Schweden telefoniert, der irgendwo in einem Urwald mal wieder eine 650 Jahre alte Kiefer entdeckt hat. Das sind andere Zeitmaßstäbe.

2016 gründeten Sie in Wershofen die Waldakademie. Wie kam es dazu?

Die Idee kam von meinem Sohn Tobias. Ich war im Zug auf dem Rückweg von einer Lesereise, wir haben telefoniert und fragten uns, was wir mit dem ganzen Erfolg jetzt machen. Und da sagte er: »Mensch Papa, gründe doch eine Waldakademie!« Dann ist das Ding so explodiert. Wir haben in einer Mietwohnung im Nachbarort angefangen. Jetzt sind wir gerade in Planung für das dritte Gebäude. Wir unterstützen NGOs und Forschungsprojekte, betreiben Urwaldschutz, da tut sich unheimlich viel. Zudem bieten wir viele touristische Veranstaltungen an, wie etwa eine Nacht unter freiem Himmel im Wald. Mittlerweile gehört die Akademie meinen beiden Kindern. Ich lehne mich zurück, das ist total entspannend.

Als Seminarleiter sind Sie aber nach wie vor aktiv. Was erstaunt Sie dabei mehr: Wie wenig praktisches Wissen die Menschen über die Natur haben oder wie groß die Sehnsucht danach ist?

Letzteres. Wie wenig die Leute wissen, finde ich nicht so wichtig. Es ist viel schöner, wenn man sagt: Wow, wir staunen gemeinsam! Wir wissen auch nicht alles. Bei bestimmten Sachen gibt es Wissenslücken, und da sagen wir klar: Das ist nicht erforscht.

Auf welches Geheimnis der Bäume, das noch erforscht werden muss, sind Sie denn besonders neugierig?

Mich würde eine technische Erfindung reizen. Und zwar ein chemischer Decoder, der die Duftsprache der Bäume entschlüsselt. So etwas gibt es schon im akkustischen Bereich für Fledermäuse, einen Bat-Detektor, der anhand der Ultraschall-Rufe die Art bestimmen kann. Bäume gasen Botenstoffe aus, etliche von deren Botschaften kennt man schon, aber ich würde sie gerne in Echtzeit abgreifen. Diesen Decoder würde man dann in den Wald halten und angezeigt bekommen: Ach, die erzählen sich gerade dieses und jenes!

In Ihrem Revier ließen Sie vor einigen Jahren uralten Buchenwald in einen Urnenfriedhof umwandeln, den Sie als Förster begleiteten. Würden Sie eines Tages gerne unter einem Baum begraben werden?

Grundsätzlich schon, die Idee finde ich gut. Das ist ein schöner Gedanke. Man sollte allerdings aufpassen, in welchem Bestattungswald man das macht – dass das wirklich ein nicht bewirtschafteter Wald ist, in dem keine Bäume mehr gefällt werden. Wir überlegen aktuell mit der Gemeinde in Wershofen, einen weiteren solchen Bestattungswald einzurichten, den wir auch betreuen würden. Wenn der fertig ist, dann würde ich mir da auch einen Baum aussuchen.

Einen Großteil Ihres Lebens haben Sie im Wald verbracht. Wie steht es eigentlich um Ihr Verhältnis zu anderen Lebensräumen: dem Meer, den Bergen, der Wüste?

Gut! Ich finde Natur generell toll. Diese großen Kategorien habe ich gar nicht im Kopf, eigentlich geht alles ineinander über. Man könnte den Wald auch als ein grünes Meer beschreiben. Ich finde Natur dann schön, wenn sie unberührt ist. Das kann Wald, Wüste, Gebirge oder Steppe sein. ■

WOHLLEBENS WALDAKADEMIE

Kräuterwanderungen, Survival-Wochenenden, Ausbildungskurse zum Waldführer: Peter Wohllebens Waldakademie in Wershofen bietet eine Palette verschiedener Naturerlebnisse, darunter auch einen geleiteten Spaziergang durch sein Revier oder ein Kamingespräch mit dem Förster persönlich.

Wershofen, Nordstr. 25
www.wohllebens-waldakademie.de

Jede Menge Bewegung

Wie vielseitig und wandelbar sie ist, offenbart die Eifel am besten auf ihren zahllosen Rad- und Wanderrouten. Vom einsamen Pilgerpfad bis zu Genuss-Spaziergängen: Bei unserer Auswahl ist für jeden etwas dabei

TEXT **SILVIA TYBURSKI** FOTOS **DOMINIK KETZ**

Mit viel Zeit im Gepäck: Routen für mehrere Tage

Eifelsteig

Dauer: ca. 15 Tage, Länge: 313 km

Auf den 15 Etappen à 15 bis 28 km zwischen Kornelimünster und Trier durchquert man das Hohe Venn in Belgien, den Nationalpark Eifel, die Gerolsteiner Dolomiten und das hübsche Butzerbachtal. Leichter wird die anspruchsvolle Tour, wenn man sein Gepäck transportieren lässt. Tipp: Unterwegs kann man auch auf schön gelegenen Trekkingplätzen übernachten, einer Plattform mitten in der Natur für bis zu zwei Zelte (10 Euro pro Zelt).

www.eifelsteig.de, www.trekking-eifel.de

Jakobsweg

Dauer: 9 Tage, Länge: ca. 210 km

Der Klassiker unter den Fernwanderwegen führt unter anderem von Euskirchen nach Trier. Unterwegs können Sie in der Euskirchener Pfarrkirche St. Martin den goldverzierten Hochaltar von 1510 und das barocke Kloster von Prüm bewundern – aber auch weltliche Dinge wie das riesige Radioteleskop Effelsberg des Max-Planck-Instituts. Weiter südlich streift man durch das Burgenstädtchen Kronenburg mit seinen engen Gassen und durch die Fichtenwälder des Bergrückens der Schneifel (Übernachtungstipp in Blankenheim: die Jugendherberge dort liegt in einer 900 Jahre alten Burg, siehe S. 46).

www.fernwege.de/d/jakobsweg/koeln-schengen/etappen/index.html

Lieserpfad

Dauer: 4 Tage, Länge: ca. 74 km

Von der Quelle der Lieser bei Boxberg in der Vulkaneifel geht es über stille Wege und romantische Täler bis zu ihrer Mündung in der Mosel. Wer mag, legt unterwegs am Gemündener Maar einen Badestopp ein und besucht die Manderscheider Burgen und die römische Villa von Wittlich. Angekommen im Weinörtchen an der Mosel können Sie, wenige Minuten zu Fuß von der Mündung der Lieser entfernt, im Restaurant »Puricelli« auf Schloss Lieser auf die Wanderung anstoßen.

www.lieserpfad.de, www.eifel.info/wandern/top-wanderwege/lieserpfad

Der Eifelsteig führt durch ursprüngliche Natur – und quert mehrere Hängebrücken, eine ist 30 Meter lang

Gipfel, Ruinen, Schluchten: Strecken mit viel Abwechslung

Zur Hohen Acht

Dauer: ca. 8 Stunden, Strecke: 22 km
Busvariante: 1,5 Stunden, Strecke: 11 km

Die Eifel ist ein Fest der schönen Ausblicke, und quasi der Champagner auf diesem Fest ist die Hohe Acht, der höchste Berg der Region. 747 Meter ragt sie im Osten der Eifel auf. Waldige Weite vom Feinsten sieht, wer es nach oben schafft – am besten vom Kaiser-Wilhelm-Turm auf dem Gipfel. Für ungeübte Wanderer ist der Weg durchaus fordernd. Die Tour führt von Kempenich durch den Wald über Lederbach und Hohenleimbach auf die Hohe Acht und weiter nach Adenau. Wenn Sie es ruhig angehen lassen wollen, nehmen Sie Bus 815 oder 816 von Adenau Markt. Von der Station Jammelshofen/Kaiser-Wilhelm-Turm ist es nur noch ein Kilometer bis zum Gipfel.

www.eifel.info/wandern/wanderwege/a-eifelleiter-etappe-3

www.eifel.info/wandern/wanderwege/a-schnuppertour-auf-der-eifelleiter

Im Tal der wilden Endert

Dauer: ca. 6 Stunden, Länge: 20 km

Nehmen Sie sich viel Zeit für diese Tour, denn hier reiht sich ein tolles Ausflugsziel an das nächste: Los geht es in Ulmen, wo man die römische Burgruine und das Ulmener Maar besuchen kann, etwa zehn Kilometer östlich stürzt tosend der Fluss Endert sieben Meter tief zu Tal, gleich nebenan liegt die sehenswerte Wallfahrtskirche Maria Martental. Wer am Ziel noch Energie hat, besichtigt die Reichsburg Cochem.

www.eifel.info/wandern/wanderwege/a-wilde-endert

Rundweg Teufelsschlucht

Dauer: 4,5 Stunden, Länge: 17,4 km
Alternative: 1 Stunde, 1,6 km

Die 28 Meter tiefe Felsspalte bei Ernzen in der Südeifel entstand in der letzten Eiszeit. Die Treppen und Wege zwischen erhabenen, moosbewachsenen Sandsteinfelsen und entlang des Felsenweihers erfordern Fitness und Geschick. Es gibt aber auch eine leichtere Variante, die sich für Familien mit größeren Kindern eignet. Für die ist sicher auch der nahe Dinopark ein Highlight.

www.eifel.info/wandern/wanderwege/a-felsenweg-6-teufelsschlucht

www.eifel.info/wandern/wanderwege/a-teufelspfad-1-der-kleine-rundweg-teufelsschlucht

Die mit Moos und Flechten bewachsenen Felstürme stehen wie Wächter zu beiden Seiten der Teufelsschlucht

Oben: Die Reichsburg Cochem, gelegen inmitten von Weinbergen gut 100 Meter über der Mosel, lässt in ihrem Burgmuseum die Ritterzeit lebendig werden. Hier kann man Rüstungen und Festsäle bewundern
Unten: 1909 wurde auf der Hohen Acht der Kaiser-Wilhelm-Turm errichtet. Bei klarem Wetter kann man den Hunsrück und das Siebengebirge sehen

Unter Tage und dem Himmel ganz nah: die Eifel per Rad entdecken

Maare-Mosel-Radweg

Dauer: knapp 5 Stunden, Länge: 59 km

Die Strecke zwischen den Dauner Maaren und Bernkastel-Kues fährt sich fast wie von selbst: Obwohl sie durch hügelige Vulkanlandschaften führt, hat sie nur wenige Steigungen. Der Weg verläuft entlang einer umgebauten Bahntrasse über Viadukte und durch Tunnel, einer davon ist fast 600 Meter lang. Lohnende Abstecher: Etwa drei Kilometer südlich von Gillenfeld kann man die fünf Meter hohe »Strohner Lavabombe« bewundern, einen 120 Tonnen schweren Basaltfelsen. Nicht weit von Pantenburg liegen die Burgen von Manderscheid. Wer nur einen Teilabschnitt fahren möchte, kann unterwegs samt Bike in einen der Radbusse einsteigen (April bis Oktober, vorher reservieren: Tel. 06571 4086).

www.maare-moselradweg.de, www.eifel.info/a-maare-mosel-radweg, www.radbusse.de

Eifel-Ardennen-Radweg

Dauer: 2 Stunden, Länge: 36 km

Ebenfalls auf ehemaligen Bahntrassen geht es von Prüm mit der sehenswerten Basilika St. Salvator durch die Westeifel bis nach St. Vitus in Belgien. Halten Sie unterwegs im Alfbach-Tal die Augen nach Bibern offen! Auf einer geführten Tour im Örtchen Bleialf können Sie in den beeindruckenden Mühlenberger Stollen hinabsteigen, in dem früher Bleierz abgebaut wurde (geöffnet von Mai bis Oktober). Von dort sind es nur noch wenige Kilometer bis zur belgischen Grenze, hinter der dann auch bald die Silhouette von St. Vith mit seiner neo-romanischen Pfarrkirche St. Vithus auftaucht. Wer sich zum Finale etwas gönnen möchte, kann zwischen gleich zwei Sterne-Restaurants wählen: dem Hotel »Zur Post« und dem »Quadras«.

**www.eifel.info/a-eifel-ardennen-radweg
www.besucherbergwerk.bleialf.org
www.hotelzurpost.be, www.restaurant-quadras.be**

Vennbahn

Dauer: 12 Stunden, Länge: 125 km

Tief im Westen zeigt sich wieder mal, wie europäisch die Eifel ist: Von Aachen oder Monschau geht es über Belgien mit dem Hohen Venn und der trutzigen Burg Reuland über das idyllische Ourtal nach Troisvierges in Luxemburg. Einst wurde auf dieser Strecke, heute einer der längsten Bahntrassen-Radwege Europas, Kohle aus der Nordeifel in die Verhüttungsbetriebe im Süden transportiert. Im Hohen Venn unbedingt einmal das Rad parken und über die Holzstege durch die zauberhafte Moorlandschaft spazieren!

www.eifel.info/a-vennbahn

Auf dem Viadukt des Kurortes Daun geht es ohne große Steigung voran. So lässt sich die herrliche Aussicht entspannt genießen

Die Genovevahöhle bot einer Sage zufolge der Gemahlin des Pfalzgrafen Siegfried Zuflucht, heute ist sie ein Highlight des Römerpfads

Einfach und trotzdem spannend: Touren für Familien

Manderscheider Burgenstieg

Dauer: 2 Stunden, Länge: 5,4 km

Die wenigen steileren Anstiege auf diesem Rundweg werden von den Ausblicken auf die Manderscheider Burgen und schließlich vom Besuch in ihren Ruinen belohnt. Die Niederburg ist eine tolle Kulisse zum Spielen. Und mit Glück gibt es hinterher noch Kuchen im nahen Burg-Café – und ein Erfrischungsbad im rund vier Kilometer westlich gelegenen Meerfelder Maar.

www.eifel.info/wandern/wanderwege/a-manderscheider-burgenstieg

Wilder Weg

Dauer: 1 bis 2 Stunden, Länge: 1,6 km

Im Nationalpark Eifel wird Abenteurern nicht langweilig. Im Laubwaldgebiet Wilder Kermeter sind Info-Stationen aufgebaut, an denen man durch Schautafeln, manchmal auch per Knopfdruck, viel über die Natur erfährt: Welche Käfer und Pilze leben hier im Wald? Was gibt es über Luchs und Hirsch zu erzählen? An einem Kletterpfad kann man seine Geschicklichkeit erproben. Praktisch: Toiletten und Picknickplätze sind nie weit, und der Weg ist komplett barrierefrei.

www.eifel.info/a-wilder-weg
www.nationalpark-eifel.de

Maare-Wanderweg

Dauer: 3,5 Stunden, Länge: 10,9 km

Nicht in alle Maare der Vulkaneifel darf man einfach hineinspringen. In das Gemündener und das Schalkenmehrener Maar aber schon – im Sommer eine herrliche Abkühlung für Groß und Klein. Diese Route führt um die insgesamt drei durch Wasserdampf-Explosionen entstandenen Seen bei Daun. Die höchste Stelle dieser Gegend ist der 561 Meter hohe Mäuseberg. Eine besonders schöne Aussicht von dort hat man, wenn man über eine Wendeltreppe auf den knapp elf Meter hohen Dronketurm steigt.

www.eifel.info/wandern/wanderwege/a-heimatspur-maareglueck

Römerpfad

Dauer: 4 Stunden, Länge: 9,4 km

In der Südeifel gibt es so viel Geschichte zum Anfassen, dass mit Kindern auch dieser etwas längere Weg gut machbar ist. Nahe Butzweiler kann man über schwankende Hängebrücken gehen, die Klausen- und die Genovevahöhle entdecken, rauschende Wasserfälle sehen und Burg Ramstein besuchen – und einen Steinbruch namens Pützlöcher, aus dem Steine für den Kölner Dom, die Porta Nigra in Trier und den Berliner Reichstag stammen (vorher anmelden: Tel. 06505 8755).

www.roemerpfad.de, www.lux-trier.info/a-roemerpfad

Die weinrote

An der Ahr liegt eine der kleinsten Weinregionen des Landes und eine der außergewöhnlichsten. An ihren Steilhängen reifen vor allem rote Rebsorten, aus denen lange nur Massenware wurde – bis überzeugte Winzer mit Spitzen-Spätburgundern die internationale Weinwelt eroberten

Revolution

Klasse statt Masse: Julia Baltes vom Weingut Bertram-Baltes (links) setzt auf Qualität. So lohnt sich auch der schweißtreibende Anbau in den typischen Steillagen wie hier um Ahrweiler (rechts)

Wenn Julia Baltes wissen will, ob der junge Spätburgunder im Fass noch gärt, lauscht sie auf ein Blubbern im Innern. Er soll möglichst naturnah entstehen – und braucht deswegen besonders viel Aufmerksamkeit

TEXT **PATRICK P. BAUER**
FOTOS **MARKUS BASSLER**

Langsam, so, dass keines entwischen kann, drückt Benedikt Baltes das Gatter auf und begrüßt seine Schafe, 16 Böcke der Rasse Ouessant, benannt nach der bretonischen Insel, von der sie ursprünglich stammen. Aufgeregt rennen sie von allen Ecken des Geländes zu dem jungen Mann und blöken, reißen die grünen Blätter vom Ast, den er in der Hand hält. Immer wieder trennen sich zwei Tiere aus der Gruppe und schlagen ihre Köpfe aneinander, kawumm, ein Knall wie von zwei Brettern, die aufeinanderschlagen. Andere lassen sich von Baltes kraulen und suchen in seinen Händen nach mehr Futter. Die bretonischen Zwergschafe sind treue Helfer von Benedikt Baltes. Aktuell stehen sie auf der Streuobstwiese, aber bald dürfen sie wieder raus in die Weinberge und den ganzen Tag fressen, zwar keine Trauben, aber alles andere, was zwischen den Reben wächst.

Benedikt Baltes ist nicht Schäfer, sondern Winzer, gemeinsam mit seiner Frau Julia betreibt er das Weingut Bertram-Baltes an der Ahr. Es gilt als eines der besten jungen Weingüter der Region und steht für herausragende Weine. Die beiden machen vieles ein bisschen anders als andere Winzer. So schicken sie die Schafe zur Unkrautvernichtung und Düngung in die Weinberge, statt Chemie einzusetzen. Sie arbeiten biologisch und naturnah und sind nicht darauf aus, den Betrieb zu vergrößern. Dass es Weingüter wie Bertram-Baltes an der Ahr gibt, ist noch immer eine kleine Überraschung. Sie sind hier erst die zweite Generation von Winzern, denen exzellente Weine gelingen.

Die Ahr ist ein kleines Flüsschen, sie schlängelt sich mit großen Schleifen durch das Mittelgebirge der Eifel in einem engen und teils schluchtartigen Tal. An ihren Ufern liegt eine der kleinsten und außergewöhnlichsten Weinanbauregionen Deutschlands. Rund 103000 Hektar stehen in Deutschland in 13 Anbaugebieten unter Reben. Auf die Ahr entfallen 562 Hektar, ein halbes Prozent. Das Gebiet erstreckt sich von Heimersheim bis Altenahr, 25 Kilometer, eine halbe Stunde Autofahrt durch kleinste Weindörfer, in denen fast jedes Fachwerkhaus irgendetwas mit Wein zu tun hat. Die Reben stehen in einem Gelände, das so steil ist, dass man hier unter Winzern sagt, dass der Nachwuchs am besten mit unterschiedlich langen Beinen auf die Welt kommt, um im Hang besser stehen zu können. Obwohl das Anbaugebiet weit nördlich liegt, kann durch die steilen Lagen, die viel Sonne einfangen, noch Spätburgunder reifen. Und der hat die Ahr international bekannt gemacht. Die Winzerinnen und Winzer haben sich hier dieser Rebsorte verschrieben. Qualitätswein machen sie daraus allerdings erst seit den neunziger Jahren. »Die Ahr war jahrzehntelang für Masse statt Klasse bekannt«, sagt Baltes.

In den Nachkriegsjahrzehnten kamen Busladungen von Besuchern ins Ahrtal. Insbesondere aus dem Rheinland, den Niederlanden und Belgien fielen Karnevals-, Sport- und Kegelvereine in die kleinen Dörfer ein und wollten billigen Wein. Die Winzer und Genossenschaften lieferten. Dabei war die Arbeit in den Steillagen von jeher viel zu fordernd und kostspielig für billigen Massenwein. »Es wurde viel Wein gemacht, aber niemand hatte wirklich was davon«, erzählt Baltes. Ende der 1980er Jahre riskierten eine Handvoll Pioniere die Umstellung ihrer Betriebe und bereiteten damit den Weg für junge Winzer wie Julia und Benedikt Baltes. Eines davon war das Weingut Jean Stodden.

Unkraut vergeht – mit Schafen, nicht durch Herbizide

Zottelige Helfer: Auf dem Weingut Bertram-Baltes halten robuste Ouessantschafe das Unkraut klein – und düngen nebenbei auch den Boden

Ausnahmetalent: Alexander Stodden (rechts) baut viele seiner Spitzenweine in Barriques aus (links). Er kennt die Böden seiner Weinberge genau und erklärt sie gerne seinen Besuchern

Gleich unter dem Namen wird klar, um was es hier geht: »Das Rotweingut« steht da, und rot erstrahlt auch der Verkostungsraum, in dem Alexander Stodden und seine Frau Britta Besucher empfangen. Hier gibt es etwas Frühburgunder, aber vor allem Spätburgunder. Es war Alexander Stoddens Vater Gerhard, der nicht mehr nur einfach roten Wein, sondern richtig guten Rotwein machen wollte. »Mein Vater war großer Fan des Burgunds und hat das Potenzial unserer Reben, des Klimas und der Böden gesehen«, erzählt Alexander Stodden. Er orientierte sich an der Region, aus der – unter dem französischen Namen Pinot Noir – die feinsten Spätburgunder der Welt kommen, pflanzte Selektionen der Rebsorte, die besser für Qualität als für Masse geeignet waren, und schmuggelte erste Barrique-Fässer über die Grenze. Seine ersten Weine fielen bei der deutschen Qualitätsweinkontrolle durch: zu untypisch für die Ahr. Die Verkoster konnten mit dem neuen Stil nichts anfangen. Recht behalten sollte jedoch Gerhard Stodden, der an seinem Weg festhielt. »Entweder klappt es oder ich fahr es gegen die Wand«, habe der Vater damals gesagt, sagt Alexander Stodden. Und es hat geklappt. Die Weingüter Meyer-Näkel und der Deutzerhof stellten zur selben Zeit um, es folgten die Familien Adeneuer, Kreuzberg und Nelles. Das Ahrtal wurde neu belebt.

Wie so oft, wenn sich Pioniere auf den Weg machen, gab es vor dem Erfolg viel Spott. 1993 zeigte sich das Wetter für den Weinbau an der Ahr von seiner besten Seite. In den Weinbergen sprießte es, die Reben entwickelten viele Trauben. Damit die Weinrebe in solchen Jahren ihre Kraft trotzdem nur in einige wenige Trauben konzentriert, schneiden Winzer bei der grünen Lese einige Trauben ab. Für die Winzer der alten Generation, für die vor allem Masse zählte, eine Schande. »Beim Karneval sagte man mit Blick auf uns: In Rech wird sich gegen den Herrgott versündigt«, erzählt Alexander Stodden. Heute würde so was niemand mehr sagen, nur durch Pioniere wie die Stoddens wurde die Ahr unter Weinkennern berühmt. Mittlerweile arbeitet an ihren Hängen ein guter Winzer neben der nächsten guten Winzerin.

Wer aus Stoddens Weingut bei Rech tritt, kann direkt loslaufen: Das schönste Stück des Rotweinwanderwegs führt von hier entlang der Ahr durch den Herrenberg, die berühmte Lage des Ortes, und weiter an den Lagen Mönchberg und Burgberg vorbei bis nach Mayschoß. An der Strecke wachsen die Reben teilweise auf kleinsten Stufen, Terrassen und Plateaus, dazwischen zerklüftete Felsen und weitere gemauerte Stufen. Die Winzerinnen und Winzer müssen diesen Bergen jede Flasche mit Mühe und Kraft abringen, mit viel Handarbeit, denn hier kommt keine Maschine rein. Teilweise sind die Flächen der einzelnen Betriebe winzig, bestehen nur aus ein paar Rebstöcken – ein Überbleibsel aus der Zeit des Napoleonischen Erbrechts, in der jeder einzelne Weinberg unter den Erben aufgeteilt wurde. Das bedeutet jede Menge Arbeit und Aufwand, doch die Winzer betonen auch die Vorteile: Die Temperaturunterschiede im kleinen Tal sind so groß, dass sich der Lesezeitpunkt über mehrere Wochen hinzieht – bei größeren Parzellen wäre eine solch präzise Ernte nicht möglich. Die Winzerinnen und Winzer können so auch leichter eine eigene Handschrift entwickeln. Diese Handschriften

»Mein Vater sah das Potenzial unserer Reben und der Böden«

sind mittlerweile sehr vielfältig: Manche Weingüter konzentrieren sich auf leichte, fruchtige Weine, manche geben ihren Spätburgundern ausgeprägte Gerbstoffe mit, damit sie viele Jahre reifen können, andere, wie Julia und Benedikt Baltes, arbeiten sehr »reduktiv«, verhindern also beim Ausbau die Oxidation, was zu animalischen und wilden Aromen führen kann.

»Ich bin eher der klassische, oxidative Onkel«, sagt Alexander Stodden und meint damit: Seine Weine haben etwas mehr Kontakt mit Sauerstoff, etwas mehr Körper und Gerbstoffe. Die Einstiegsklasse bietet noch direkten Genuss, mit Weinen, die leicht rauchig und würzig riechen, nach Schwarzkirsche und dunklen Beeren. Die besseren Qualitäten hingegen, die Stodden in kleinen französischen Eichenfässern ausbaut, sind durch die Gerbstoffe in jungen Jahren eher unzugänglich. Mit etwas Reife aber entfalten sie Größe und Eleganz – besonders die Großen Gewächse, die über Jahrzehnte altern können. Egal von wem sie stammen, solche grandiosen Weine unterstreichen den guten Ruf der Region. Und so herrscht an der Ahr unter den Spitzenbetrieben eher ein Miteinander als Konkurrenz. Nicht selten wird man nach einer Verkostung zum nächsten Weingut geschickt. »Jeder hat hier seinen Platz und findet seine Nische«, sagt Stodden.

Die Baltes und ihre Schafe haben ihren Platz etwas weiter flussabwärts in Dernau gefunden. Hier ist alles noch etwas kleiner und jünger. Beide sind Kinder aus Winzerfamilien. Benedikt verließ jedoch früh das Tal und leitete zehn Jahre lang das fränkische Weingut Steintal in Klingenberg. Julia studierte in Geisenheim Önologie, bereiste als deutsche Weinkönigin ein Jahr die internationale Weinwelt und übernahm 2013 erste Flächen aus dem elterlichen Weingut an der Ahr. Jahrelang pendelten die beiden zwischen den Regionen, fuhren Trauben zur Gärung nach Franken und Flaschen wieder an die Ahr, stellten Flächen auf biologische und biodynamische Bewirtschaftung um und machten sich dabei beide einen Namen für erstklassigen Spätburgunder. Nach der Hochzeit entschieden sie 2018, die elterlichen Betriebe vollständig zusammenzuführen und gemeinsam Wein an der Ahr zu machen. Benedikt verkaufte seine Anteile am Weingut in Klingenberg, und aus dem Weingut Julia Bertram wurde das Weingut Bertram-Baltes. Die Flächen sind biologisch zertifiziert, die beiden experimentieren aber

DIE SPANNENDSTEN WEINGÜTER AN DER AHR

Bertram-Baltes
Noch ist das Sortiment von Julia und Benedikt Baltes klein. Interessant sind aber neben den Spätburgundern auch die Blanc-de-Noir-Varianten des Weinguts, weißer Wein aus roten Trauben.
Dernau, Hardtbergstr. 5, Tel. 02643 903312, www.bertram-baltes.de

Deutzerhof
Das kleinste VDP-Weingut der Ahr wird von Hans-Jörg Lüchau geleitet. Der gelernte Sommelier kam 2001 zum Weingut, verliebte sich in die Region und holte seine Winzerausbildung nach. Er verantwortet würzige, saftige und harmonische Weine, die sich demnächst auch in einer neuen Vinothek kosten lassen.
Mayschoß, Deutzerwiese 2
Tel. 02643 7264, www.deutzerhof.de

Fiebrich
Der Quereinsteiger Michael Fiebrich macht auf seinem kleinen Weingut alles selbst. Der gelernte Landwirt arbeitet biologisch, was in den Steillagen der Ahr besonders herausfordernd ist. Seine Weine sind ein wahrer Geheimtipp, etwa die Blanc de Noirs, Weißweine aus Spätburgundertrauben.
Rech, Nollstr. 10, Tel. 0176 21742742
www.fiebrich-ahr.de

H. J. Kreuzberg
Das Weingut hat sich zu einem Aushängeschild der Anbauregion Ahr entwickelt. Die Weine zeigen immer burgundische Eleganz, großes Reifepotenzial und sorgen für Trinkfreude – gleich vor Ort, in der Straußwirtschaft im großen Innenhof.
Dernau, Schmittmannstr. 30, Tel. 02643 1691, www.weingut-kreuzberg.de

Jean Stodden
Aleander Stodden macht auch Brände und etwas Sekt, berühmt ist er aber für seine Früh- und Spätburgunder aus verschiedenen Top-Lagen der Region.
Rech, Rotweinstr. 7-9, Tel. 02643 3001 www.stodden.de

Meyer-Näkel
Die Geschwister Dörte und Meike Näkel feilen stets am Stil ihrer Weine. Sie kooperieren auch mit Weingütern in Baden und Südafrika und bringen wahre Nasenschmeichler auf die Flasche. Schicke Vinothek.
Dernau, Friedenstr. 15, Tel. 02643 1628 www.meyer-naekel.de

WANDERTIPP

Rotweinwanderweg
Die beste Art, die Region zu erkunden, ist dieser 35 Kilometer lange Wanderweg, der in fünf Etappen von Altenahr bis nach Bad Bodendorf führt.
www.rotweinwanderweg.de

auch mit biodynamischen Methoden, ohne aktuell einem Verband beitreten zu wollen. »Wir machen das kölsch-biodynamisch«, sagt Benedikt Baltes und lacht. So landen die Hörner der eigenen Schafe mit Dung unter der Erde. Viele ihrer kleinen Flächen tauschen die Baltes mit anderen Weingütern, um wieder etwas größere Stücke bewirtschaften zu können. Diese lassen sich leichter zu Permakulturen entwickeln: Das Ziel ist ein geschlossener Nährstoffkreislauf, bei dem alles, was der Weinberg braucht, aus dem Betrieb kommt. »Statt mit künstlichen Bändern wickeln wir die Reben mit dünner Weide fest, dafür pflanzen wir Weiden auf unseren Flächen«, beschreibt Baltes ein Beispiel. Haselnussstöcke dienen als Pfähle und Stützhilfen, also stehen nun Nussbäume rund um die Weinberge. »Wir wollen einen ursprünglichen, landwirtschaftlichen und familiären Weinbau.«

Bei den Rebsorten aber sind beide Traditionalisten: Spätburgunder und Frühburgunder werden angebaut, sonst nichts. »Diese Sorten gedeihen hier perfekt, das ist ein Segen«, sagt Julia Baltes. Auf Trends wie Sauvignon Blanc, Chardonnay und Syrah reagieren sie nicht. Dafür setzen die Baltes beim Weinausbau auf andere Wege. Die Weine haben keine Gerbstoffe aus dem Holz der Fässer, sind sehr frisch und elegant. Sie können jedoch in jungen Jahren eine reduktive Note aufweisen, auch »Stinkerl« genannt, die sich dann mit der Reife oder der Belüftung im Glas auflöst, aber auch durchaus viele Anhänger hat. Dahinter verbergen sich wunderbar rauchige und erdige Noten und Aromen von dunklen Früchten. Es sind spezielle Weine, die aber auch sehr viel Spaß machen. »Das sind Weine für ein langes Leben«, sagt Julia Baltes. »Wer in frühen Jahren charmant ist, ist es oft später nicht mehr. Die Reduktion ist ein Schutzschild für die Lagerung, dafür brauchen die Weine in der Jugend etwas Zeit.«

Sie zeigen, dass die Zukunft für die Ahr noch einiges bereithält. Aber schon jetzt lohnt es sich, die Region so zu erkunden wie ihre besten Weine: mit Ruhe und genügend Zeit.

Patrick P. Bauer, Jahrgang 1988, saß mit Benedikt Baltes bei sieben Grad im Hof, um Weine zu verkosten. Das gehört zum Beruf: Er kümmert sich beim Magazin DER FEINSCHMECKER um alle Weinthemen.

Hier meckern nur die Ziegen

Kuchenvielfalt im Gastgarten, Ziegenkäse wie in Frankreich und ein legendäres Spitzenrestaurant: An den richtigen Orten ist die Eifel eine wahre **Genussregion**

Historische Wassermühle Birgel

Vor rund 25 Jahren kam Erwin Spohr zufällig in den Besitz einer aufgegebenen Getreidemühle in Birgel – sie stand auf dem Gelände, das er als Lagerraum für seinen Sanitärbetrieb gekauft hatte. Begeistert brachte er die historische Mühle wieder zum Laufen. Aus diesem Liebhaberprojekt ist inzwischen eine große Erlebniswelt geworden, mit Restaurant, Hotel, Bäckerei, Schnapsbrennerei, Standesamt und zwei weiteren historischen Mühlen für Öl und Senf. Besucher können deren Technik auf Führungen anschauen, die damit hergestellten Produkte kaufen und in Kursen sogar selber Brot backen oder Senf machen.

Birgel, Mühlenstr. 1, Tel. 06597 92820
www.muehle-birgel.de

Ziegenkäserei Vulkanhof

Es wird viel gemeckert auf dem Hof von Manuela Holtmann in Gillenfeld. Aber nur im Stall, wo gut 200 Ziegen Stroh von hofeigenen Wiesen fressen. Im Hofladen hingegen herrscht oft Begeisterung über den Käse, der aus der frischen Rohmilch der selbst gezüchteten Tiere hergestellt wird. Die einen lieben den Frischkäse, aromatisiert etwa mit Walnusskrokant oder einem Knoblauch-Chili-Mix, die anderen kaufen lieber einen Laib vom würzigen, gut haltbaren Schnittkäse oder einen Weichkäse mit Edelschimmel – wohl wissend, dass er mit der Zeit immer cremiger werden wird. Auch schön: Das empfehlenswerte »Eifeler Scheunencafé« in Gillenfeld (www.eifeler-scheunencafe.de) ist nur einen viertelstündigen Spaziergang vom Hof entfernt.

Gillenfeld, Vulkanstr. 29, Tel. 06573 9529928
www.vulkanhof.de

Ein Brett voll »Eifelwürze«: Auf dem Vulkanhof in Gillenfeld entstehen aus frischer Milch von eigenen Ziegen Köstlichkeiten wie dieser aromatische Schnittkäse

Kaffee ...

Bei Bitburg mögen alle an Bier denken, dabei duftet es dort auch verführerisch nach Kaffee. Zumindest im »Prinz Café«, in dem Inhaber Guido Prinz an einer glänzenden Maschine die Bohnen selbst röstet. Um die sorgfältig zubereiteten Kaffeespezialitäten zu genießen, sind im Sommer die Strandkörbe vor der Tür besonders beliebt. Das Erdgeschoss dient gleichzeitig als Feinkostladen, dort verkauft Prinz neben röstfrischem Kaffee auch Feinkost, etwa Öle, Balsamico, Senf, Schokolade und Spirituosen.

Bitburg, Petersstr. 6
Tel. 06561 9479859
www.prinz-cafe.de

... und Kuchen

Herzstück der »Kleinen Bauernschmause«, dem urigen Bauernhofcafé von Familie Loch in Polch, ist eine breite Theke voller Kuchen und Torten, selbst gebacken nach alten Hausrezepten. Für den großen Hunger stehen auf der Karte aber auch herzhafte Klassiker wie Brotzeiten und Kartoffelsuppe. Highlight im Sommer sind die Außenplätze im Innenhof und im großen Garten. Nicht verpassen: Im Hofladen gibt's hausgemachte Marmeladen, Brände und mehr.

Polch, St. Georgenstr. 34
Tel. 02654 6171
www.bauernschmause.de

Im »Haus Mannertal« kocht Alexandra Weyres (rechts) mit der Saison, in »Bembergs Häuschen« wird Taube mit Brokkoli und Mandeln kombiniert (links)

Von Herrengedeck bis Quinoa-Bowl: drei kulinarische Landpartien

Bis heute ist die Burg Flamersheim bei Euskirchen Wohnsitz der Familie von Bemberg. Doch seit einigen Jahren ist sie vieles mehr: Der ehemalige Gutshof der herrschaftlichen Schlossanlage wurde zu einem Genussziel umgestaltet, mit Kochschule, Gasthof, kleinem Hotel und dem Gourmetrestaurant Bembergs Häuschen. Ein talentiertes Team sorgt darin für kulinarischen Hochgenuss in fünf bis neun Gängen, zu denen auch mal ein »Herrengedeck« gehören kann: Ochsenschwanzsuppe im Cognacglas mit Ochsenschwanzragout in knusprigdünnem Teigmantel als »Zigarre« dazu. Eine wahre gastronomische Institution finden Feinschmecker im kleinen Weiler Heppingen an der Ahr. Seit Hans Stefan Steinheuer 1985 den elterlichen Gasthof Zur Alten Post übernommen hat, wird dort mit Seezunge, Rehrücken und Kaisergranat auf höchstem Niveau gekocht – das Restaurant gehört zu den besten in Deutschland. Inzwischen ist Schwiegersohn Christian Binder Küchenchef – und sorgt mit seinem Team auch im Landgasthof Poststuben nebenan für beste gutbürgerliche Gerichte. Wer es besonders ländlich mag, ist in Binscheid richtig: Im Haus Mannertal bereitet Alexandra Weyres gekonnt ein Potpourri aus Trend- und Traditionsgerichten zu, von der Zwiebelsuppe über hausgemachte Kürbisravioli bis zur veganen Quinoa-Bowl.

Bembergs Häuschen Euskirchen
Burg Flamersheim, Tel. 02255 945752
www.burgflamersheim.de

Steinheuers Restaurant Zur Alten Post
Bad Neuenahr-Ahrweiler, Landskroner Str. 110
Tel. 02641 94860, www.steinheuers.de

Haus Mannertal Binscheid, Mannertalstr. 1
Tel. 06559 660, www.haus-mannertal.de

Ein Hof für alle Fälle

In der Eifel unterwegs und die Kinder langweilen sich? Dann könnte der »Krewelshof« ein gutes Ziel sein: Neben Hofladen und Hofcafé gibt es zum Beispiel ein Maislabyrinth, allerhand Tiere, eine Käserei, eine Bäckerei, im Herbst eine Kürbisschau und im Winter sogar eine kleine Eisbahn.

Mechernich, Krewelshof 1
Tel. 02256 9577676
www.krewelshof.de/eifel

Sie kommt aus der Großstadt in die Provinz, wo sie mit ihm ermittelt: Sophie Haas (Caroline Peters) und Dietmar Schäffer (Bjarne Mädel)

»Ich mag diesen sehr trockenen Humor hier«

Marie Reiners, Erfinderin der ARD-Serie »Mord mit Aussicht«, lebt in der Eifel. Ein Gespräch über tote Pferde vor der Haustür, riesige Feuer und den total normalen Umgang mit Prominenten

MERIAN: Warum eignet sich die Eifel so gut als Krimi-Kulisse?
MARIE REINERS: Die Natur ist oft lieblich, aber manchmal auch abweisend, und man kann sich sehr gut Märchen und Mythen darin vorstellen. Viele Orte haben etwas Düsteres, der Eifeler ist auch selbst nicht unbedingt heiter. Ich hab mal nachgeguckt, ob es irgendwelche Eifel-Zitate gibt, und fand dieses: »Sei der Doktor Dein Freund und der Apotheker Dein Vetter, so musst Du doch sterben.« Das ist absolut 100 Prozent Eifel. Und ich glaube, da passt Krimi prima rein.

Wie sind Sie in die Eifel gekommen?
Wir haben vor 16 Jahren das alte Wochenendhaus meiner Großtanten abreißen lassen und dafür ein neues gebaut. Das wurde immer größer und größer – aufgrund der Bauvorschriften, wir wollten es gar nicht so groß. Dann ließ es sich dort so gut schreiben und arbeiten, dass wir mehr oder weniger ganz dort geblieben sind.

Und wie kam Ihnen die Idee zu »Mord mit Aussicht«?
Irgendwann habe ich mir gedacht: Wenn du hier Kriminalkommissarin wärst, du müsstest echt nach deinen Fällen suchen. Ich konnte mir gut vorstellen, wie es einer forschen Kommissarin, die aufs Land versetzt wird, ergehen würde. Und als ich das Format erfunden hatte, ließ sich das wunderbar schreiben.

In dem, was Sophie Haas, die Hauptfigur der Serie, erlebt, steckt viel von Ihren eigenen Beobachtungen?
Zumindest in den Nebenstorys, die habe ich fast alle so erlebt. Dietmar (gespielt von Bjarne Mädel, Anm. der Red.) und seine Frau Heike gibt es wirklich, das ist ein Ehepaar aus meinem Dorf. Die heißen fast genauso, die haben diese Koseworte, die reden so miteinander. Auch andere Figuren aus der Eifel habe ich übernommen, einen Ortsbürgermeister, einen Pfarrer. Und eben sehr viele Erlebnisse.

Welche zum Beispiel?
Das Marienfeuer. In meinem kleinen Dorf ist es üblich, dass man in einer Prozession dem heiligen Martin hinterherläuft, später wird dann ein riesiges Feuer angezündet. Das hat schon etwas Unheimliches, wenn so eine murmelnde Menge Menschen durch die Nacht geht. Und so kam die Idee zur Folge »Marienfeuer«.

Wie hat das Dorf darauf reagiert, plötzlich Serien-Schauplatz zu sein?
Typisch. Die Menschen haben das registriert, aber groß interessiert hat es sie nicht. Mit sowas kann man Eifeler nicht beeindrucken. Die ha-

Tatort Eifel
Seit 2001 sind das Städtchen Daun und die ganze Vulkaneifel alle zwei Jahre im September für ein paar Tage im Ausnahmezustand: Dann kommen »Tatort«-Kommissare wie Ulrike Folkerts, Udo Wachtveitl und Jan Josef Liefers, Schriftsteller wie Arno Strobel, Sebastian Fitzek und Friedrich Ani und jede Menge Krimifans dort zusammen und feiern ihre Krimi-Leidenschaft mit Konzerten und Lesungen. Nächster angepeilter Termin: 16. bis 22. September 2022.
www.tatort-eifel.de

Nordeifel Mordeifel
2014 zog die Nordeifel nach – und füllt seitdem die Jahre, in denen »Tatort Eifel« nicht stattfindet, mit diesem wesentlich kleineren, aber auch sehr feinen Krimi-Festival, bei dem vor allem Autoren aus der Region auftreten, darunter Carsten Sebastian Henn, Elke Pistor, Carola Clasen, Ralf Kramp und Melanie Raabe. Ihre Lesungen finden im Landkreis Euskirchen statt.
www.nordeifel-mordeifel.de

ben mit Promis und so was rein gar nichts am Hut.

Haben Sie mit dem Erfolg gerechnet?
Nein, das war für alle eine große Überraschung.

Sie haben quasi die größte Eifel-Promotion gestartet.
Ohne das vorzuhaben. Ich wollte eigentlich nur diese Sturheit, diese Sprödigkeit der Eifel zeigen – und die Arroganz der Großstädter. Und den Kulturenclash Stadt-Land, bei dem Menschen aufeinanderprallen, die komplett unterschiedlich denken.

Die Eifeler scheinen Ihnen aber nicht unsympathisch zu sein.
Absolut nicht, ich mag diesen sehr trockenen Humor, der, glaube ich, noch nicht mal witzig gemeint ist. Einmal, wir kamen gerade aus Köln zurück, hält eine Nachbarin uns auf der Straße an und sagt: »Hörens Marie, wunder dich nicht, bei euch vor der Tür liegt ein totes Pferd.« Das war für sie völlig normal, der Tierarzt musste es da halt einschläfern, also nix weiter Besonderes.

Das ist ja schon eine perfekte Einstiegsszene ...
Ja, die Eifel amüsiert und überrascht mich bis heute!

Mord mit Aussicht
... lief in bisher drei Staffeln von 2007 bis 2014 in der ARD und war zeitweilig eine der meistgesehenen Serien im deutschen Fernsehen – was sie ihren stark humoristischen Elementen und den beiden Hauptdarstellern verdankt: Bjarne Mädel und Caroline Peters. 2022 sollen neue Folgen mit anderer Besetzung ausgestrahlt werden.

Ein unermüdlicher Ermittler und eine Stadt im Krimi-Fieber

Der Krimi-Urvater der Eifel

Der Journalist Michael Preute war Anfang 50, als er ein Zweitleben als Jacques Berndorf begann. Den Nachnamen seines Pseudonyms übernahm er schlicht von jenem Ort, an dem er sich in der Eifel niedergelassen hatte: Berndorf nordöstlich von Hillesheim. Und dabei ist es geblieben, obwohl er heute in Dreis-Brück wohnt. 1989 erschien Eifel-Blues, der erste Kriminalroman, in dem er den Journalisten Siggi Baumeister zum Ermittler machte. Dass er den noch in mehr als 20 weitere Fälle verwickeln und einige weitere Krimi-Geschichten schreiben, für viele Krimi-Autoren zum Vorbild werden und die Eifel zum Regional-Krimi-Land Nummer eins machen würde, war damals selbstverständlich nicht abzusehen. Berndorf schreibt aber nicht nur über die Eifel, sondern auch über globale Themen wie Korruption und Spionage.

Mehr zu Jacques Berndorf und einige seiner Bücher finden Sie auf der Website des KBV-Verlags: www.kbv-verlag.de

Krimi-Hauptstadt Hillesheim

In seiner mehr als 1000-jährigen Geschichte hat das Städtchen in der Vulkaneifel schon einiges erlebt, vergleichsweise jung ist sein Status als Krimi-Hauptstadt der Eifel. Wie es dazu wurde? Durch Autoren und Krimi-Enthusiasten, die dort und im Umfeld ansässig sind – und ein wenig auch durch geschicktes Marketing. Erste Krimi-Anlaufstelle ist das Kriminalhaus mit dem »Café Sherlock«, wo Sie am Siggi-Baumeister-Tisch, am Miss-Marple-Tisch oder im Orient-Express-Abteil Platz nehmen können. Alle sind mit zum Thema passenden Sammelstücken ausgestattet. Der Kaffee ist sehr gut und fair gehandelt, er kommt von der Rösterei in Daun, die zum Krimi-Thema Röstungen mit Namen wie »Schwarzer Tod« oder »Mildernde Umstände« beisteuert. Mehr zu Gucken gibt es in den oberen Etagen: Im Deutschen Krimi-Archiv hat Ralf Kramp, der gemeinsam mit seiner Frau Monika das Haus eingerichtet hat und betreibt, mehr als 30000 Bücher zusammengetragen, die Regale bis unter die uralten Decken des Hauses füllen. Ein Raum ist wie ein echter Tatort gestaltet, in dem man einen Fall lösen kann. Wer sich für all das Zeit nehmen möchte: In Sichtweite des Hauses liegt das Krimihotel mit Escape-Room, Themenzimmern und -suiten. Und der Eifelkrimi-Wanderweg verbindet um Hillesheim verschiedene Krimi-Schauplätze. Insgesamt ist er 40 Kilometer lang, aufteilbar in zwei Routen.

Kriminalhaus Am Markt 5-7
www.kriminalhaus.de

Dauner Kaffeerösterei Daun, Wirichstr. 16a
www.dauner-kaffeeroesterei.de

Krimihotel Am Markt 14
www.krimihotel.de

Route des Eifelkrimi-Wanderwegs:
www.krimiland-eifel.de

Selbst zum Ermittler werden

Wer richtig eintauchen möchte in einen Kriminalfall, kann sich bei Blutspur für ein ganzes Wochenende anmelden. Es beginnt in der Regel am Freitagabend mit einem fiktiven Mord, der dann binnen 48 Stunden in akribischer Ermittlungsarbeit im Team gelöst werden muss. Unterwegs sind die Teilnehmer in und um Hillesheim, es gibt Tatortskizzen, Videoverhöre und Ermittlungsakten.

www.blutspur.de

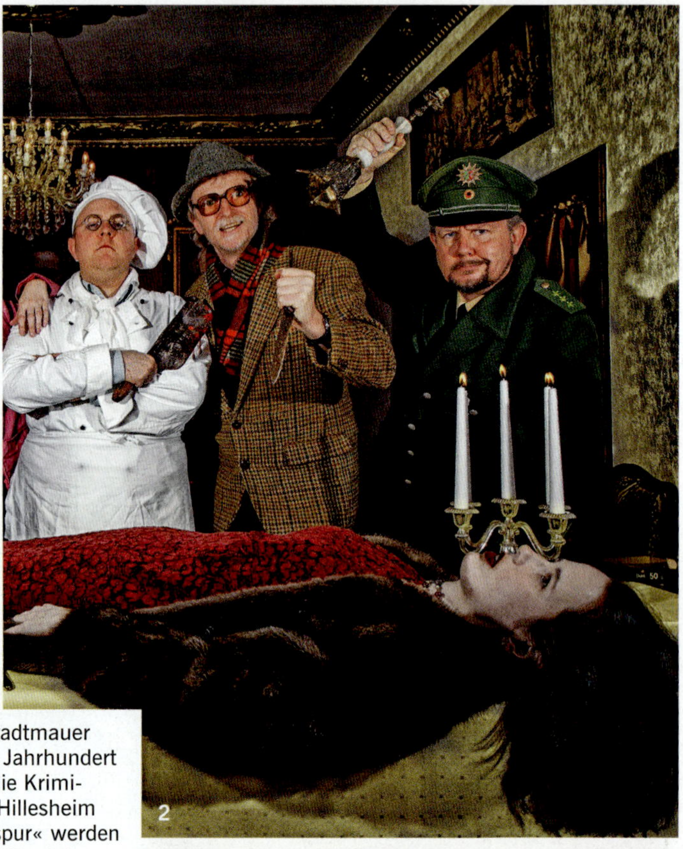

1 | Eine Stadtmauer aus dem 13. Jahrhundert umgibt die Krimi-Hochburg Hillesheim **2** | Bei »Blutspur« werden Teilnehmer zu Ermittlern … **3** | … und übernachten im »Krimihotel« **4** | Im Kriminalhaus ist ein Raum wie ein Tatort gestaltet

Erweitert den Horizont.

Die Mission des Ingo Waldmann im FOCUS.

Lesen Sie hier den ganzen Artikel:
www.menschenimfocus.de

Alte Schule
In der Sternwarte der University of London vertiefte Ingo Waldmann sein Wissen über das Universum. Einige der Geräte dort sind mehr als 100 Jahre alt

Neuer Blick
Der 33-jährige Bayer analysiert heute mit Algorithmen die Signale von Weltraumteleskopen

FOCUS 07/2020

Menschen im FOCUS

SIE SIND UNTER UNS!

Vor Jahrtausenden formten **Vulkane** die Landschaft der Eifel. Ihr Erbe sind Krater und Maare – aber auch ein blubbernder See und ein Geysir, die beweisen: Hier ist nach wie vor viel in Bewegung

Mit 74 Metern ist das Pulvermaar bei Gillenfeld das tiefste Maar der Eifel

TEXT **BURKHARD MARIA ZIMMERMANN** FOTOS **DOMINIK KETZ**

In der Ettringer Lay beim Bellerberg-Vulkan wurden vor rund 150 Jahren schon Steine aus dem Lavagestein geschlagen (o.). Während die Eruption bei einem Maar einen Wall zurücklässt, hat ein Krater eher eine flache Kegelform: Der Windsborn-Kratersee (r.) ist der einzige ständig gefüllte Kratersee nördlich der Alpen

W

Wenn vor 12900 Jahren schon Menschen in der Eifel lebten, dann darf man hoffen, dass sie rennen konnten, und zwar schnell. In Horden streiften sie durch Mitteleuropa und folgten Bären, Hirschen und Pferden durch die Wälder. Auf der Oberfläche der Erde war nicht zu merken, dass sich nahe der heutigen Stadt Mendig in der Tiefe eine Blase aus geschmolzenem Gestein angesammelt hatte, das langsam nach oben drängte. Manchmal bleiben solche Magmasäulen auf dem Weg zur Erdoberfläche stecken, doch diese stieg weit genug auf, um das Grundwasser in der Erdkruste zu erreichen. Durch den Kontakt mit der glühenden Masse verdampfte das Wasser – daraus entstand plötzlich ein Überdruck, der das Gestein an der Erdoberfläche zerriss: Die Druckwelle war so gigantisch, dass sie die Bäume der Umgebung aus dem Boden schlug. Was folgte, war eine unvorstellbare Eruption, bei der Gase, die sich über dem Magma angesammelt hatten, mit bis zu 400 Metern pro Sekunde aus der Erde schossen, vermengt mit Asche und Gesteinspartikeln. Bis zu 30 Kilometer stieg die Aschewolke in die Höhe, während rund 6,5 Kubikkilometer Magma nach oben gerissen wurden und sich über die Landschaft ergossen – eine Masse von ungefähr 1500 Fußballfeldern, die 50 Meter hoch mit Magma bedeckt sind. Nach der Eruption sackten die Ränder ein, zurück blieb ein Krater, der sich mit Grundwasser und Regen füllte und heute ein beliebtes Reiseziel ist: der Laacher See.

»Dieser Ausbruch war die mit Abstand größte hochexplosive Eruption in Mitteleuropa in den letzten 200000 Jahren«, sagt Professor Hans-Ulrich Schmincke, er ist emeritierter Direktor der Abteilung Vulkanologie und Petrologie am GEOMAR Helmholtz-Zentrum für Ozeanforschung in Kiel und erforscht seit den siebziger Jahren den Vulkanismus der Eifel. »Die Tephra, also die Masse der ausgeworfenen Partikel, ist vom Wind bis nach Schweden transportiert worden, aber auch bis nach Norditalien und nach Bel-

WALD UND STEINBRUCH

Die schönsten Ausflugsziele rund um die Vulkane der Eifel:

In Maaren baden Schon mal in einem einstigen Vulkan die Schwimmflügelchen aufgeblasen, viele Kilometer über einer riesigen Masse aus glühendem Gestein? Hier ist die Gelegenheit: Das Gemündener Maar, das Meerfelder Maar, das Schalkenmehrener Maar und das Pulvermaar bei Gillenfeld sind zum Schwimmen freigegeben.
www.eifel.info/ausflugsziele

Kloster Maria Laach Stolz ist nun wahrlich keine christliche Tugend, aber so ganz können die Benediktinermönche vom Kloster Maria Laach ihn nicht verbergen: Sie haben nun mal eine der beeindruckendsten romanischen Kirchen der Republik. Imposant erheben sich die sechs Türme der großen Basilika, 1156 geweiht, unweit vom Ufer des Laacher Sees, und auch hier wurde Lavagestein aus der Umgebung verbaut. Zum »Seehotel Maria Laach« gehören zwei Restaurants und ein Café mit Konditorei – vielleicht einer der schönsten Orte für eine Pause in dieser faszinierenden Landschaft.
www.maria-laach.de
www.seehotel-maria-laach.de

Lava Dome, Mendig In einer Tiefe von 32 Metern liegt unter Mendig ein rund drei Quadratkilometer großes System aus Gängen und Kellern: Hier hatten einst die Menschen das Gestein aus der Tiefe gehauen, um Mühlsteine zu fertigen, später lagerten die Brauereien der Stadt in den kühlen Hallen ihr Bier. Heute leiten Führungen durch das System mit den bizarren

Der hufeisenförmige Krater des Bausenberg-Vulkans bei Niederzissen steht heute unter Naturschutz, denn er ist das Zuhause von über 500 Pflanzen- und mehr als 5000 Tierarten. Er ist der besterhaltene Hufeisenkrater der Eifel

Steinformationen der Gänge und Wände: Man geht gleichsam durch eine künstliche Höhle in einem erkalteten Lavastrom und sieht so das Innere dessen, was einmal eine zerstörerische Lawine aus geschmolzenem Gestein war.

www.lava-dome.de

Vulkan Brauerei Mendig
Was gibt dieser Boden nicht alles her! Die »Vulkan Brauerei« in Mendig, nur einen Lavabröckchenwurf vom Lava Dome entfernt, macht aus dem guten Wasser der Eifel helles Bier, dunkles, Pale Ale und einige andere Biere; auf der Karte finden sich außerdem Haxe vom Schwein und Burger vom Rind, allesamt aufgewachsen in der Eifel. Wer Ahnung von Bier hat oder gerne hätte, der macht eine Führung durch die gläserne Braumanufaktur mit oder nimmt sich gar ein Stündchen Zeit für das Tasting mit dem Biersommelier.

www.vulkan-brauerei.de

Maarmuseum, Manderscheid
Schon die Architektur der ehemaligen Turn- und Festhalle aus dem Jahr 1927 ist faszinierend: Das Gebäude wirkt wuchtig, wie ein paar zusammengedrängte weiße Zylinder, mit schmalen Fensterspalten und einem gedrungenen grauen Dach – fast eine Ikone der »Neuen Sachlichkeit«, die den Baustil der zwanziger Jahre mitbestimmte. Drinnen informieren Fossilien, Mineralien und Karten über die Entwicklung der Maare und ihre Bedeutung für die Geologie. Zu den Highlights der Ausstellung gehört eine versteinerte trächtige Stute, die vor rund 45 Millionen Jahren in dem See eines Maars verendete.

www.maarmuseum.de

Als Mofetten bezeichnet man den Austrittspunkt der Gasblasen, die blubbernd vom Grund des Laacher Sees aufsteigen (o.). Mit viel mehr Geräusch hat sich wohl dieser Lavabrocken, eine sogenannte Lavabombe, im Jahr 1969 bei Sprengarbeiten aus einer Wand gelöst (r.): Sie ist etwa fünf Meter hoch und wiegt 120 Tonnen

gien und Frankreich.« In der Zeitspanne von etwa 45 bis 35 Millionen Jahren öffneten sich in der Hocheifel zwischen Adenau und Ulmen mehr als 400 Vulkane, verursacht durch die starke Streckung der Erdoberfläche während der Entstehung der Alpen. Erst sehr viel später, vor etwa einer Million Jahren, begann eine jüngere aktive Phase, die vor rund 10000 Jahren endete: Zwischen dem heutigen Ormont und Bad Bertrich bildete sich über eine Strecke von rund 50 Kilometern eine ganze Vulkankette. Diese ungewöhnliche Häufung ist heute als Geopark Vulkaneifel von der UNESCO anerkannt. In der östlichen Eifel brachen zwischen Neuwied und dem heutigen Laacher See mehrere Vulkane aus dem Boden, von denen der Laacher-See-Vulkan der bedeutsamste blieb. Alle Phasen zusammengenommen, hat der Vulkanismus in der Eifel insgesamt rund 350 Eruptionspunkte wie Kegel aus Schlacke oder Schlote zurückgelassen. Besonders die mehr als 70 Kratermulden, sogenannte Maare, prägen die Landschaft; in zwölf von ihnen hat sich im Laufe der Jahrtausende ein Wasserreservoir gesammelt. »Auf jedem Quadratmeter in der Eifel findet man vulkanische Partikel«, sagt Schmincke, aber die richtig großen Funde der Geologen stammen aus dem Bergbau, der hier schon von den Kelten und Römern betrieben wurde. »Durch die vielen Gruben hatten wir ein Eldorado an offenen Böden, um Messungen zu machen und Proben zu entnehmen – die Ablagerungen der Eifelvulkane sind für uns ein Fenster zur Geschichte der Erde.«

Noch heute werden hier Steine für die Industrie abgebaut, darunter Basalt, Tuff und Lavasand. Zurück bleiben offene Wände wie die Wingertsbergwand bei Mendig: Dort wurde früher Bims abgebaut, ein Gestein, in das bei der Eruption eines Vulkans zahlreiche Gasblasen eingeschlossen wurden. Das Material ist leicht und dämmt gut, nach dem Zweiten Weltkrieg wurde damit etwa die Hälfte der Häuser in Deutschland gebaut. Die Vulkane hinterließen der Eifel nicht

Vulkaneifel Therme, Bad Bertrich Wie praktisch: Das Wasser für diese Wellness-Anlage wird beim Aufstieg aus dem Erdinnern mit Mineralien angereichert und angewärmt – beste Bedingungen, um sich mal ein Stündchen entspannt zu bewegen oder auch entspannt eben nicht zu bewegen.
www.vulkaneifeltherme.de

Vulkanhaus, Strohn Bebender Fußboden! Lavaströme zum Greifen nah! Ein Magmaklumpen, fast so groß wie ein Haus! Das Vulkanhaus in Strohn macht den Vulkanismus der Eifel für Kinder und Eltern zum Abenteuer.
www.vulkanhaus-strohn.de

Vulkanmuseum, Daun
Was ist Kontinentaldrift? Wie sieht eine Magmakammer aus? In dem alten Haus eines früheren Landratsamtes vermitteln Gesteine, Zeichnungen und Modelle viele spannende Informationen rund um den Vulkanismus in der Eifel. Wer das alles noch nicht plastisch genug findet, kann mit einem Knopfdruck einen Vulkanausbruch auslösen.
www.vulkaneifel.de

Wandern auf Vulkanen
Die Pfade führen von Gerolstein, Manderscheid, Müllenborn und vielen anderen Orten durch schattige Wälder, entlang der Ränder von Vulkankratern und durch alte Höhlen, aus denen einst Basalt für Mühlsteine geschlagen wurde. Mit unterschiedlichen Längen zwischen etwa zwei und neun Kilometern finden sich Touren für jedes Leistungsniveau.
www.geopark-vulkaneifel.de

nur Bodenschätze, sie modellierten auch die Landschaft enorm abwechslungsreich. Die abschüssigen Krater der Vulkankegel sind beliebt bei Wanderern und Mountainbikern, und die Maare sind nicht nur schön anzuschauen wegen der vielen Wasservögel, einige sind auch zum Schwimmen, Rudern und Tretbootfahren freigegeben. Wer sich viel bewegt, kriegt Appetit, und so stehen in den Restaurants leckere Gerichte mit Fleisch von Tieren aus der Region auf der Karte. Sogar das Wasser kommt häufig aus dem Boden, auf dem die Menschen stehen – Mineralien und Kohlensäure hat die Erde praktischerweise schon in die tieferen Bodenschichten hineingepresst (siehe Tipps Seite 117).

Doch tief unter dem Wasser, das so schön prickelnd aus der Erde kommt, braut sich noch etwas ganz anderes zusammen, und das ist überhaupt nicht prickelnd. Das englische Wort *plume* bezeichnet eine Art »buschige Feder«, ein längliches, etwas unförmiges Objekt – und das beschreibt ungefähr die Form der gigantischen Magmakammer, die hier in der Erde liegt: Der sogenannte Eifel-Plume befindet sich in einer Tiefe von 100 bis 200 Kilometern unter der Oberfläche und umspannt mit einer Breite von rund 100 Kilometern einen großen Teil der Eifel. Wie um alles in der Welt weiß man, was in einer Tiefe von 200 Kilometern unter der Erde geschieht? Um das zu messen, nutzt man die unterschiedlichen Beschaffenheiten der Erdkruste, die nur etwa 30 Kilometer dick ist, und des darunterliegenden oberen Erdmantels, der bis etwa 700 Kilometer tief hinabreicht. »Mit Seismometern können wir die Wellen von starken Erdbeben aus anderen Teilen der Erde messen, die sich durch den Erdmantel und die Erdkruste bis zur Eifel ausgebreitet haben«, sagt Professor Torsten Dahm, der die Sektion Erdbeben- und Vulkanphysik am Geoforschungszentrum im Potsdam leitet. Er ist einer der Autoren einer 2019 veröffentlichten Studie über tief liegende Erdbeben unter der Eifel. »An den meisten Seismometern kommen die Wellen nach der erwarteten Laufzeit an, aber einige Wellen, die durch den erwärmten Teil des Erdmantels laufen, werden leicht verzögert. Aus dieser Verzögerung können wir folgern, dass sich ungewöhnlich heißes Gestein im Erdman-

Etwa alle zwei Stunden schießt der Geysir von Andernach in die Höhe, aus dem Boden gepresst durch natürliches Kohlendioxid (o.). Ein Besucherzentrum beim Geysir führt über einen künstlichen Steinbruch in die Welt der glühenden Gesteine, die mit Gasen in der Tiefe explosive Verbindungen eingehen

tel befinden muss, und wir können auch erkennen, wie groß dieser Plume sein und wie tief er liegen muss.« Dass der Plume nicht untätig ist, sieht man daran, dass die Eifel sich jährlich um etwa einen Millimeter hebt – eine Erkenntnis, die erst heute, nach Jahrzehnten von Messungen mit allerfeinsten Geräten, möglich ist. »Ein übliches Verfahren dazu arbeitet mit GPS-Antennen«, erklärt Dahm. »Es gibt in ganz Europa sehr sensible GPS-Messstationen, die kleinste Bewegungen erkennen und ständig die elektromagnetischen Pulse von mehreren Satelliten empfangen. Dieses Verfahren ist so präzise, dass man damit eine Hebung und Dehnung der Eifel in den letzten 15 Jahren um etwa einen Millimeter pro Jahr berechnen konnte. Die Hebung geschieht großräumig über einem Gebiet von mehr als 200 Kilometer Länge und erfasst alle Vulkanfelder in der Eifel.« Sie ist also so groß, dass sie nicht durch eine kleinere Magmakammer direkt unter einem Vulkan ausgelöst werden kann. »Diesen Druck baut der Eifel-Plume auf«, sagt Dahm. »In seiner Umgebung sind die Gesteinsmassen erwärmt, dadurch treiben sie langsam nach oben und drücken von unten auf die Erdkruste.« Langsam, aber stetig: Jedes Jahr bewegt sich der Plume um etwa 10 Zentimeter weiter nach oben.

Wird es also in absehbarer Zeit wieder einen Vulkanausbruch geben? Die kurze Antwort: Nein. Die lange Antwort: Nein, es sei denn, es passiert doch.

Wer am Laacher See spazieren geht, der sieht mancherorts Gasblasen mit einem leisen Blubbern aus dem Wasser aufsteigen, und aus denen kann man viel lernen. »Sie enthalten zu 99 Prozent Kohlendioxid«, sagt Professor Joachim Ritter vom Institut für Technologie an der Universität Karlsruhe, der beim 1997 gestarteten sogenannten Eifel-Plume-Projekt die Bodenbewegungen in der Region erforscht hat. »In diesen Blasen erkennen wir aber auch typische Spuren von Gasen, die man woanders nicht findet, darunter Helium, Neon, Argon und Xenon. Diese Kombination zeigt uns, dass diese Gase aus Tiefen von mehreren Hundert Kilometern kommen müssen. Auch Schwefel ist oft enthalten, das können Sie riechen, wenn Sie mit der Nase ganz nah an die Luftblasen herangehen und daran schnuppern.« Diese Gasblasen sind aber harmlos im Vergleich zu dem, was sich sonst noch so unter dem Laacher See bewegt. Ritter und sein Team haben dort Beben in 45 Kilometer Tiefe nachgewiesen – die meisten unterirdischen Beben in Deutschland liegen nur in einer Tiefe von etwa 15 Kilometern. »Dabei haben wir Wellenbewegungen beobachtet, die wir nur unter aktiven Vulkanen sehen«, sagt Ritter. »Es scheint einen Kanal zu geben, aus dem geschmolzenes Gestein nach oben wandert, und aus diesem System kommen sehr wahrscheinlich auch die Gase aus dem Laacher See.«

Kann hier nun bald wieder ein Vulkan ausbrechen oder nicht? »Für eine Eruption bräuchte es ein großes Magmareservoir, das bis in die Erdkruste aufgestiegen ist, und davon ist nichts bekannt«, sagt Ritter. »Kleinere Eruptionen wie vor rund 11000 Jahren am Ulmener Maar kann es jederzeit geben, wenn im Erdmantel das Material schmilzt und Magma nach oben steigt. So etwas kann theoretisch binnen weniger Tage geschehen, aber im Moment weist nichts darauf hin, dass es demnächst passiert.« Mit dieser Prognose können wir eigentlich dasselbe tun wie die glühenden Steinmassen unter der Eifel: ruhig schlafen. ■

Burkhard Maria Zimmermann ist als Kind sogar mal auf einen aktiven Vulkan geklettert: auf den Vesuv. Die Lavabröckchen aus dem Souvenirshop sind leider verloren gegangen.

Wasserfontäne, Wallenborn

Da haben die Leute in Wallenborn schon eine vier Meter hohe Wasserfontäne, die als Ergebnis unterirdischer Höllenmächte alle halbe Stunde aus dem Boden schießt, und wie nennen sie dieses diabolische Phänomen? Brubbel. Etwa sechs Minuten lang gibt der Brubbel alles – falls Sie nach diesem aufregenden Erlebnis nicht richtig zur Ruhe kommen, bringt der nahe Hinterbüsch-Pfad mit dem ganzen Charme der Eifellandschaft eine willkommene Ablenkung.

www.eifel.info/wandern

Der Geopark Vulkaneifel

Seit 2015 ist die Vulkaneifel von der UNESCO als Natur- und Geopark anerkannt, also als Region, in der besondere Phänome aus der Geschichte des Planeten ihren Niederschlag finden. Nur fünf weitere Gebiete in Deutschland haben diese Auszeichnung erhalten, sie alle sind Teil eines weltweiten Netzwerks aus 161 Geoparks in 44 Staaten. Etwas länger, seit 2010, gehört die Vulkaneifel zu den nationalen deutschen Naturparks. Das Bundesinstitut für Raumforschung hat 1959 in seinem Gutachten mit dem Titel »Geeignete Landschaften für die Auswahl von Naturparken« mit überraschend zarten, fast lyrischen Worten festgelegt, wohin bei diesen Einrichtungen die Reise gehen soll: »Dem Menschen der Gegenwart müssen Landschaften der Gegenwart gestaltet werden, in denen der Stadtbewohner Schönheit, Frieden und Entspannung und in denen der Landbewohner sein volles Auskommen findet.« Wenn Fuchs und Hase sich hier keinen Gutenachtkuss geben, dann nirgends.

www.geopark-vulkaneifel.de

Unmoralische Angebote am Rande des Universums

Undercover reiste **Hans Zippert** einst in die Eifel und gaukelte einem Bürgermeister vor, er müsse Burgen abreißen und Wälder roden, damit sich sein Ort als Schauplatz für einen Katastrophenfilm im TV eigne

ILLUSTRATIONEN **P. M. HOFFMANN**

Die Eifel bekommt bei Google 4,5 von 5 Sternen, und diese gute Bewertung kann ich nur bestätigen. Ich war vor 33 Jahren mehrmals in der Eifel, muss aber gestehen, es war ein sehr unrühmliches Kapitel in meinem Leben, moralisch bedenklich bis verwerflich und im höchsten Maße eifelfeindlich. Dabei hatte ich damals und habe bis heute nichts an der Eifel auszusetzen, aber ich stand unter einem ungeheuren Geltungsdrang, denn ich war frischgebackener Redakteur des Satiremagazins *Titanic* und als solcher der Entlarvung und Aufklärung verpflichtet. Damals waren die Medien voll mit Berichten über kleine Gemeinden, die es zu unverhofftem Ruhm gebracht hatten, weil sie Schauplatz einer Fernsehserie geworden waren, bestes Beispiel Woppenroth, die Kulisse für die ersten beiden Staffeln von »Heimat«. Das brachte uns auf die Idee, ein Dorf zu überfallen und zu behaupten, das ZDF wolle hier demnächst eine Fernsehserie drehen, aber dafür müsste noch einiges verändert werden. Wir suchten nach einem möglichst abgelegenen Schauplatz, der erst vor Kurzem elektrifiziert und alphabetisiert wurde und in dem noch nicht alle Bewohner auf Lungenatmung umgestellt hatten. »Dann schaut euch doch mal in der Eifel um.« Es war der passionierte Wanderer Robert Gernhardt, der uns diesen wertvollen Rat gab. Wir hatten wohl mal gehört, dass es dort möglicherweise noch aktive Vulkane gab, aber eigentlich war die Eifel für uns Terra incognita und damit das perfekte Versuchsgelände für unseren perfiden Streich. Wir packten Lebensmittel und Getränke für mehrere Tage ein und reisten mit dem klapprigen Mazda der Redaktionsassistentin direkt ins Herz der Finsternis. Wir fuhren und fuhren, machten viele eindrucksvolle Fotos von der zauberhaften Eifel und irgendwann, es begann schon zu dämmern, sahen wir in der Ferne eine Burg sehr pittoresk auf einem Hügel thronen. Das Dorf, zu dem die Burg gehörte, hieß Monreal, was man genauso schreibt, wie man die bekannte kanadische Stadt sprechen sollte, und präsentierte sich uns als perfekter Drehort. Ein wunderschönes, fast zusammenhängendes Fachwerkensemble mit Marktplatz, ein kleiner Fluss, die Elz, und, genau genommen, sogar zwei eindrucksvolle historische Ensembles, die Löwen- und die Philippsburg, die beide in mehr oder weniger ruinösem Zustand denselben Bergrücken bewohnten.

An dieser Stelle schreiben unsere Kolumnisten in unregelmäßiger Folge über die Welt und wie sie ihnen begegnet. Diesmal der in Bielefeld geborene Satiriker Hans Zippert, der für einen Schabernack die Dörfer in der Eifel abklapperte.

Im einzigen Café des Ortes hing ein Foto von Werner Höfer, der hier Stammgast war und den damals jeder als Gastgeber des »Internationalen Frühschoppens« in der ARD kannte, einer Diskussionsrunde mit fünf Journalisten aus sechs Ländern oder so, zu der in regelmäßigen Abständen die indische Journalistin Roshan Dhunjibhoy gehörte, die mit der Eifel gar nichts zu tun hat, sondern nur mit meiner Begeisterung über die Tatsache, dass mir ihr Name gleich eingefallen ist. Auf jeden Fall hatte Monreal via Werner Höfer indirekt Kontakt mit dem Fernsehen, man musste also nicht viel erklären.

Wir nahmen unverzüglich Kontakt mit dem Ortsbürgermeister auf und erfuhren zu unserer Überraschung, dass die Ortgemeinde bereits Fernseherfahrung hatte und der Bürgermeister 84-mal mit einem kleinen Kind an der Hand über die Brücke mit dem eindrucksvollen spätgotischen Löwendenkmal laufen musste, um Werbung für »Werther's Echte« zu machen. Wir erläuterten, dass Monreal mit sechs anderen Dörfern in die engere Auswahl gekommen sei, als Drehort für eine ZDF-Serie müsse sich hier aber noch einiges ändern. Vor allem die Telefonzelle in der Ortsmitte habe zu verschwinden.

Nach kurzer Zeit standen wir im Mittelpunkt einer ausgewachsenen Provinzposse. Wir liehen uns die dicksten Autos, die man sich damals leihen konnte, mit Telefonen, groß wie Minibarkühlschränke, von denen aus wir ständig wichtige Gespräche führten. Wir warben ortsansässige Statisten an und probten mit ihnen einen Chemieunfall in der Fabrik, die wir anstelle der Burgen errichten wollten und für die ordentlich Wald gerodet werden sollte. Die Menschen rannten in panischer Angst und mit den 1988 noch eher unüblichen FFP2-Masken über die malerische Elzbrücke. Der Bürgermeister erklärte sich, zur Verwunderung aller Beteiligten, sofort bereit, die Telefonzelle entfernen zu lassen. Wie sich herausstellte, hatte er diese Zelle erst kürzlich gegen den erbitterten Widerstand der Bevölkerung und mit oberlandesgerichtlicher Hilfe aufstellen lassen. Ich konnte nachts kaum schlafen, hin- und hergerissen zwischen Größenwahn und moralischen Bedenken. Einerseits schien in Monreal alles möglich, andererseits war es eine Gemeinheit, wenn nicht gar seelische Grausamkeit, die freundlichen und hilfsbereiten Eifeler derart zu hintergehen. Eines Morgens empfing uns ein quer über die Straße gespanntes Transparent mit der Aufschrift »Willkommen in Klein-Hollywood«. Wir sahen ein, dass wir zu weit gegangen waren, dokumentierten unsere Untaten in der nächsten *Titanic*-Ausgabe und ließen uns nicht mehr in Monreal blicken. 20 Jahre später traf ich mich, auf Einladung des SWR, noch mal mit einigen Beteiligten auf der Elzbrücke und konnte mich davon überzeugen, dass unser Scherz keine dramatischen Folgen gehabt, sondern im Gegenteil Monreals Eignung als Fernsehkulisse bewiesen hatte. Inzwischen wurden dort »Der Bulle und das Landei« gedreht sowie eine Folge von »Alarm für Cobra 11«.

MERIAN

ERSCHEINT IM

JAHRESZEITEN VERLAG

EIN UNTERNEHMEN DER **GANSKE VERLAGSGRUPPE**

Chefredakteur Hansjörg Falz
Stellvertretende Chefredakteurin Kathrin Sander
Art Direction Isa Johannsen
Chefin vom Dienst Jasmin Wolf
Redaktion Tinka Dippel, Kalle Harberg, Jonas Morgenthaler, Stefanie Plarre, Inka Schmeling; Mitarbeit: Hannes Lübcke, Ricarda Müterthies
Bildredaktion Violetta Bismor, Tanja Foley, Katharina Oesten (Leitung)
Layout Lena Glauche (stellv. AD), Tanja Schmidt
Redaktionsmanagement Bodo Drazba (Ltg.)
www.merian.de Jasmin Deiter
Assistenz der Chefredaktion Lina Malin Lilischkies
Konzeption dieser Ausgabe Tinka Dippel (Text), Violetta Bismor (Bild)
Autoren Antonia Baum, Kristine Bilkau, Dennis Gastmann, Finn-Ole Heinrich, Thomas Pletzinger, Till Raether, Saša Stanišić, Ilija Trojanow, Hans Zippert
Verantwortlich für den red. Inhalt Hansjörg Falz

Geschäftsführung Thomas Ganske, Sebastian Ganske, Heiko Gregor (CEO), Peter Rensmann
Brand Owner/Verlagsleitung Oliver Voß
Gesamtvertriebsleitung Jörg-Michael Westerkamp (Zeitschriftenhandel), Thomas Voigtländer (Buchhandel)
Abovertriebsleitung Christa Balcke
Leitung Leserreisen Oliver Voß
Head of Sales Helma Spieker (verantwortlich für Anzeigen), Tel. 040 2717-0
Senior Brand Manager Henning Meyer, Tel. 040 2717-2496
Anzeigenstruktur Corinna Plambeck-Rose, Tel. 040 2717-2237
Marketing Consultant Alexander Grzegorzewski
Ihre Ansprechpartner vor Ort:
Region Nord Jörg Slama, Tel. +49 40 22859 2992, joerg.slama@jalag.de
Region West/Mitte Michael Thiemann, Tel. +49 40 22859 2996, michael.thiemann@jalag.de
Region Südwest Marco Janssen, Tel. +49 40 22859 2997, marco.janssen@jalag.de
Region Süd Andrea Tappert, Tel. +49 40 22859 2998, andrea.tappert@jalag.de
Repräsentanzen Ausland:
Belgien/Niederlande/Luxemburg Mediawire International, Tel. +31 651 480 108, info@mediawire.nl
Frankreich/Monaco Dagmar Hansen, Tel. +49 4027172030, dagmar.hansen@jalag.de
Großbritannien/Irland Mercury Publicity Ltd., Tel. +44 7798 665 395, stefanie@mercury-publicity.com
Italien Media & Service Inter national Srl, Tel. +39 02 48 00 61 93, info@it-mediaservice.com
Österreich Michael Thiemann, Tel. +494022859 2996, michael.thiemann@jalag.de
Schweiz/Liechtenstein Affinity-PrimeMEDIA Ltd., Tel. +41 21 781 08 50, info@affinity-primemedia.ch
Skandinavien International Media Sales, Tel. +47 55 92 51 92, fgisdahl@mediasales.no
Spanien/Portugal K. Media, Tel. +34 91 702 34 84, info@kmedianet.es

Die Premium Magazin Gruppe im Jahreszeiten Verlag
Gültige Anzeigenpreisliste: Nr. 10
Heft 05/2021 – Eifel. Erstverkaufstag dieser Ausgabe ist der 15.04.2021
MERIAN erscheint monatlich im Jahreszeiten Verlag GmbH, Harvestehuder Weg 42, 20149 Hamburg, Tel. 040 2717-0
Redaktion Tel. 040 2717-2600, E-Mail: redaktion@merian.de **Internet** www.merian.de
Abonnementvertrieb und Abonnentenbetreuung DPV Deutscher Pressevertrieb GmbH, Tel. 040 2103-1371, Fax -1372, www.dpv.de, E-Mail: leserservice-jalag@dpv.de
Vertrieb DPV Vertriebsservice GmbH, www.dpv-vertriebsservice.de
Litho K+R Medien GmbH, Darmstadt
Druck und Verarbeitung Walstead Kraków Sp. z o.o., Obrońców Modlina 11, 30-733 Krakau, Polen

Jahresabonnementspreis im Inland 99 €, für Studenten 49,50 € (inklusive Zustellung frei Haus). Der Bezugspreis enthält 7 % Mehrwertsteuer. Auslandspreise auf Nachfrage. Postgirokonto Hamburg 132 58 42 01 (BLZ 200 100 20) Commerzbank AG, Hamburg, Konto-Nr. 611657800 (BLZ 200 400 00). Führen in Lesemappen nur mit Genehmigung des Verlages. Printed in Germany
ISBN 978-3-8342-3286-1, ISSN 0026-0029, MERIAN (USPS No. 011-458) is published monthly by JAHRESZEITEN VERLAG GMBH.

Weitere Titel der JAHRESZEITEN VERLAG GmbH: A&W ARCHITEKTUR & WOHNEN, CLEVER LEBEN, COUNTRY, DER FEINSCHMECKER, FOODIE, HOLIDAY, LAFER, MERIAN SCOUT, PRINZ, POLETTO, ROBB REPORT, SCHÖNER REISEN, WEIN GOURMET

Bildnachweis

Anordnung im Layout: o = oben, u = unten,
r = rechts, l = links, m = Mitte

Titel: Dominik Ketz; S.3o Volker Renner; S.4o, 5r D. Ketz, 4u Mercedes-Benz Classic, 5l stock.adobe; S.6 Pieter-Pan Rupprecht/DER FEINSCHMECKER , 7lo, r D. Ketz, lu Anna Mutter; S.8lo, ru D. Ketz, lu Markus Bassler, ro Tinka Dippel; S.10 D. Ketz, 11 lo Elvira Scheuer, lu Maarmuseum Manderscheid, ro Foto Bohn&Design; S.12, 13l Alessio Costantini, 13r D. Ketz, 14-15 Doris Jachalke, 15u Jean-Baptiste Höppner; S.16/17 D. Ketz/RPT, 18-20, 26-27 D. Ketz, 21 A. Mutter, 22/23 D. Ketz/Eifel Tourismus GmbH, 24/25 Mike Göhre , 28/29 Albert Wirtz/ klaes-images; S.30 KBV, 31 D. Ketz; S.34-41 D. Ketz, 42 P-P. Rupprechet/DER FEINSCHMECKER; S.44, 47lo, lu D. Ketz, 47ro, ru D. Ketz/RPT; S.48-54 D. Ketz, 55 Frank Martini Photography; S.56rm Anna Schneider/neon fotografie, 57ru Maria Schiffer/DER FEINSCHMECKER; S.58-62 D. Ketz; S.64-65, 67lo D. Ketz, 67lu, ro, ru, 68-73 A. Mutter; S.74 Die Einkehr, 75l Kloster Steinfeld, r Jan Hanser/mood.at; S.76 WVER, 77 Jochen Tack/IMAGO; S.78l ullsteinbild, m Roland Weihrauch/dpaweb/dpa/picture-alliance, r ASA Günter Schiffmann/dpaweb/dpa/picture-alliance, 79 imago sportfotodienst, 80l The Print Collector/Alamy Stock Foto, 80/81 ASA I LAT Photographic/picture-alliance, 82 Mercedes-Benz Classic, 83 Motorsport images/imago images, 84 www.r-photography.info, 85o Theodor Barth, u eb@contentnomade.com; S.87 D. Ketz, 88 Heinz Wohner/lookphotos; S.90/91, 92/93 D. Ketz, 93ro, ru, 94-95 D. Ketz/RPT; S.96-102 M. Bassler, 103 V. Renner/DER FEINSCHMECKER; S.104, 105l M. Schiffer; S.106 (M) ARD/Michael Böhme, www.plainpicture.com, 107 Gaby Gerster, 109lo D. Ketz/Eifel Tourismus GmbH, lu TOURISTIK GmbH Gerolsteiner Land, ro Agentur Blutspur, ru KBV; S.112-120 Ketz; S.122-123 Illustration: P. M. Hoffmann; S.128/129 Shutterstock; S.130 lo Gulliver Theis, lu V. Renner, ro Isabela Pacini, ru Urban Zintel;
Kartenillustration: Jochen Schäfers
Karten: maps4news.com ©HERE

Foto-Syndication
Stockfood GmbH
Tumblingerstraße 32, 80337 München
Tel. 089 747202-90
E-Mail: willkommen@seasons.agency
www.seasons.agency

Redaktionsschluss
16. März 2021

TRADITIONELLE EIFLER HANDARBEIT UND EDLE PRODUKTE

Bei der Windspiel Manufaktur begann alles mit der Begeisterung für Kartoffeln und der Leidenschaft für einen guten Gin. 2014 fassten Sandra Wimmeler und Denis Lönnendonker den kühnen Plan, diese Passionen miteinander zu verknüpfen. Nicht irgendeine Kartoffel, sondern Erdknollen aus dem kargen Boden der Vulkaneifel, wo die beiden zuhause sind. Irgendwann war es dann so weit: Die Windspiel-Macher hielten ihren ersten Premium Dry Gin in der Hand, bodenständig und trotzdem sehr fein im Geschmack. Der Erfolg ließ nicht lange auf sich warten. Seit ihrer Gründung wurde die Windspiel Manufaktur bei vielen namhaften nationalen und internationalen Wettbewerben für Design, Qualität und Markenführung ausgezeichnet. Längst umfasst das Windspiel-Portfolio nicht mehr nur verschiedene Gin-Sorten, sondern auch Windspiel Barrel Aged Potato Vodka sowie die edle Kräuterspirituose Windspiel Kraut&Knolle und handgefertigte, modische Accessoires, wie Krawatten und Fliegen.

WINDSPIEL

Windspiel Manufaktur GmbH
Weilerhof · D-54570 Berlingen
windspiel-manufaktur.com
info@windspiel-manufaktur.de

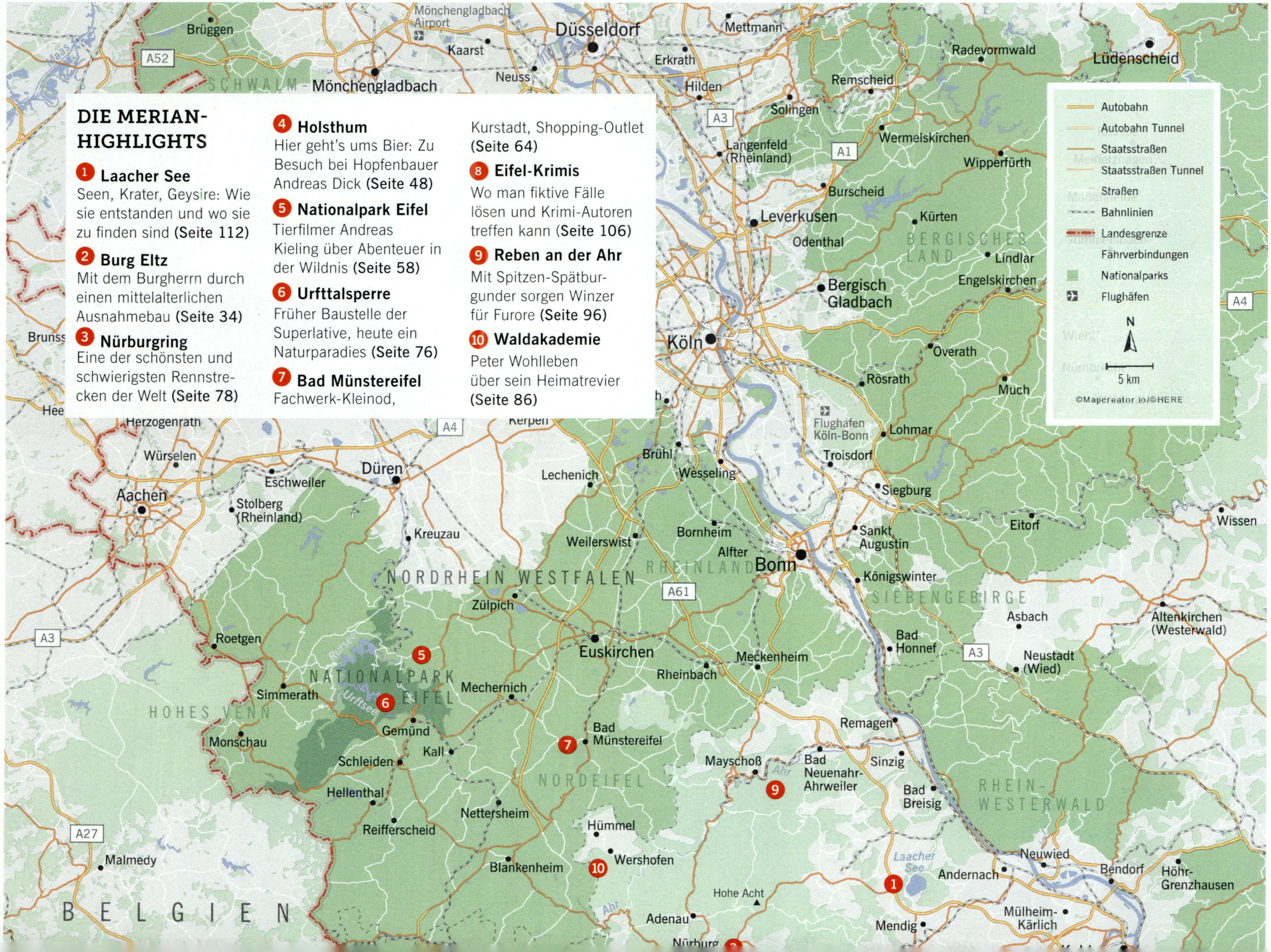

DIE MERIAN-HIGHLIGHTS

1 Laacher See
Seen, Krater, Geysire: Wie sie entstanden und wo sie zu finden sind **(Seite 112)**

2 Burg Eltz
Mit dem Burgherrn durch einen mittelalterlichen Ausnahmebau **(Seite 34)**

3 Nürburgring
Eine der schönsten und schwierigsten Rennstrecken der Welt **(Seite 78)**

4 Holsthum
Hier geht's ums Bier: Zu Besuch bei Hopfenbauer Andreas Dick **(Seite 48)**

5 Nationalpark Eifel
Tierfilmer Andreas Kieling über Abenteuer in der Wildnis **(Seite 58)**

6 Urfttalsperre
Früher Baustelle der Superlative, heute ein Naturparadies **(Seite 76)**

7 Bad Münstereifel
Fachwerk-Kleinod, Kurstadt, Shopping-Outlet **(Seite 64)**

8 Eifel-Krimis
Wo man fiktive Fälle lösen und Krimi-Autoren treffen kann **(Seite 106)**

9 Reben an der Ahr
Mit Spitzen-Spätburgunder sorgen Winzer für Furore **(Seite 96)**

10 Waldakademie
Peter Wohlleben über sein Heimatrevier **(Seite 86)**

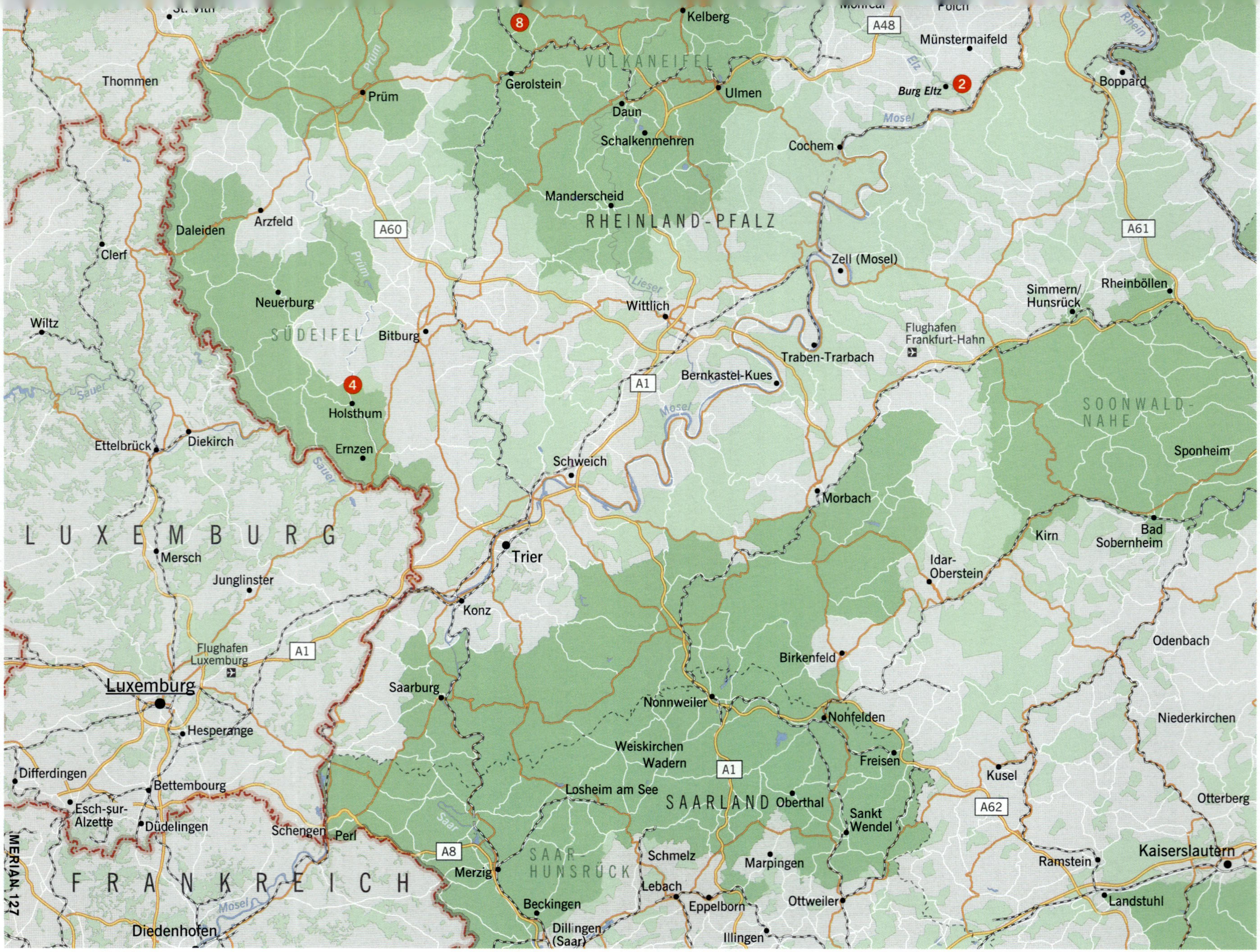
Kelberg
A48
Münstermaifeld
Rhein
Thommen
Prüm
Gerolstein
VULKANEIFEL
Ulmen
Burg Eltz
Elz
Boppard
Mosel
Daun
Schalkenmehren
Cochem
Manderscheid
RHEINLAND-PFALZ
A61
Daleiden
Arzfeld
A60
Clerf
Zell (Mosel)
Lieser
Simmern/
Hunsrück
Rheinböllen
Neuerburg
Wittlich
Wiltz
SÜDEIFEL
Bitburg
Flughafen
Frankfurt-Hahn
Traben-Trarbach
Sauer
A1
Bernkastel-Kues
Holsthum
SOONWALD-
NAHE
Ettelbrück
Diekirch
Ernzen
Sponheim
Schweich
Morbach
LUXEMBURG
Kirn
Bad
Sobernheim
Mersch
Trier
Idar-
Oberstein
Junglinster
Konz
Odenbach
Flughafen
Luxemburg
Birkenfeld
Luxemburg
Saarburg
Nonnweiler
Nohfelden
Niederkirchen
Hesperange
Weiskirchen
Wadern
Freisen
Differdingen
Kusel
Bettembourg
Losheim am See
SAARLAND
Oberthal
Otterberg
Esch-sur-
Alzette
Düdelingen
Schengen
Perl
Saar
Sankt
Wendel
A62
A8
SAAR-
HUNSRÜCK
Schmelz
Marpingen
Ramstein
Kaiserslautern
Merzig
FRANKREICH
Lebach
Beckingen
Eppelborn
Ottweiler
Landstuhl
Diedenhofen
Dillingen
(Saar)
Illingen

Sternenklare Nächte im Land der Vulkane

Rund 450 Feuerberge zählt die Eifel und ist damit eines der größten Vulkangebiete Mitteleuropas. Ein ideales Terrain zum Wandern und In-die-Sterne-schauen

Fläche

Die rund 5300 Quadratkilometer große Eifel liegt zu einem Großteil in Nordrhein-Westfalen und Rheinland-Pfalz. Im Westen grenzt sie an Belgien und Luxemburg, zu beiden Ländern gehören kleine Teile der Eifel. Im Osten fließt der Rhein, im Süden die Mosel.

Städte und Orte

Die großen Tore zur Eifel sind Aachen und Bonn im Norden, Koblenz im Osten und Trier im Süden, die zwei größten Städte am Rande der Eifel sind Düren (91000 Einwohner) und Euskirchen (58000 Einwohner), ansonsten ist das Gebiet geprägt von kleineren Städten wie Monschau, Mayen oder Bad Münstereifel. Der Zwerg unter den Gemeinden – und eine der kleinsten im ganzen Land – ist Dierfeld. Sie hat zehn Einwohner, alle arbeiten auf dem gleichnamigen Hofgut.

Geografie

Die Eifel gehört zum Rheinischen Schiefergebirge, das in Belgien in die Ardennen übergeht. Mit rund 450 Feuerbergen ist sie eines der größten Vulkangebiete Mitteleuropas. Auch der höchste Berg der Region, die Hohe Acht (etwa 747 Meter), ist ein Vulkan. Typisch für die Eifel sind die Heidelandschaften im Nordosten, die Moore im Hohen Venn, die Narzissenwiesen im Westen und die wilden Orchideen im Naturpark Südeifel. www.eifel-blicke.de

Natürliche Quellen

Schon die Römer schätzten das Mineralwasser der Eifel und ließen ein fast 100 Kilometer langes Aquädukt von Nettersheim nach Köln bauen. In kaum einer Gegend in Deutschland gibt es so viele natürliche Quellen. Die bekannteste liegt im rheinland-pfälzischen Gerolstein. Tipp: das Besucherzentrum auf dem Gerolsteiner Felsenpfad! Trinkwasser gibt es auch an der Helenenquelle im Gerolsteiner Kurpark oder an drei Quellen auf dem Wanderweg »Vulkane, Maare und Dreese« (www.eifel.info). Weitere im Quellenatlas auf www.quellenatlas.eu.

Nationalpark Eifel

Das 110 Quadratkilometer große Schutzgebiet liegt zwischen Nideggen, Gemünd, Heimbach, Rurberg und Höfen, in diesen Orten befinden sich auch Infozentren. Im ersten Nationalpark Nordrhein-Westfalens ist seit seiner Gründung 2004 die Natur weitgehend sich selbst überlassen, mehr als 10500 Tier- und Pflanzenarten haben sich dort angesiedelt, darunter Schwarzstorch, Uhu und Wildkatze. In der Regel finden hier fast täglich kostenlose Rangertouren statt. Informationen unter www.nationalpark-eifel.de.

Lichtschutzgebiet

Wegen der geringen Lichtverschmutzung hat die International Dark-Sky Association den Nationalpark Eifel als Internationalen Sternenpark anerkannt. Eine Astronomie-Werkstatt mit leistungsstarken Teleskopen bietet Sterngucker-Abende und -Nächte an. Infos auf www.sterne-ohne-grenzen.de

Die Milchstraße über dem Rursee: Der Nachthimmel in der Eifel ist spektakulär

Klima und Reisezeiten

Das Klima ist mild und relativ feucht. Die meisten Niederschläge fallen von Oktober bis Februar, die wenigsten zwischen März und Juni. Wärmster Monat ist der August (im Schnitt 22 Grad Tageshöchsttemperatur). Im Winter kann es auch mal heftig schneien, lange liegt der Schnee meist aber nicht. Beliebte Skigebiete sind der Schwarze Mann und die Wolfsschlucht bei Prüm, Jammelshofen auf der Hohen Acht, der Weiße Stein bei Hellenthal sowie der Ernstberg und der Mäuseberg bei Daun.

Unterwegs in der Eifel

Die wichtigsten Bahnverbindungen in der Region sind die Strecken Köln-Trier (3 Std. Fahrtzeit) und Koblenz-Trier (1,5 Std. Fahrtzeit). Ergänzend gibt es Anruf-Sammeltaxen, die vor-

bestellt werden müssen; Infos über die Verkehrsbetriebe (Aachen: www.aseag.de, Köln/Bonn: www.rvk.de, Koblenz: www.vrminfo.de, Trier: www.vrt-info.de). Wer die abgelegeneren Orte der Eifel erkunden möchte, kommt am besten mit dem Auto oder mit dem Fahrrad. Die Eifel bietet ein gutes Netzwerk an Radwegen, Tipps unter www.eifel.info/radfahren.

Grenzregion Eifel
Der deutsche Teil der Eifel ist auch durch die Naturparks, etwa den Hohen Venn, mit der belgischen Eifel verbunden. Wer nicht mit dem Auto unterwegs ist, kommt gut mit dem euregioticket herum (www.dbregio-shop.de). Zu Fuß waren hier einst Schmuggler unterwegs, die nach dem Zweiten Weltkrieg Kaffee nach Deutschland brachten. In Schmidt bei Nideggen finanzierte man so den Wiederaufbau der Pfarrkirche St. Hubertus – Spitzname »St. Mokka«. Heute kann man eine Schmugglerstrecke abwandern (11 km, www.rureifel-tourismus.de). Die größte Stadt auf belgischer Seite ist St. Vith. Sehenswert sind der Ort Robertville und die Burg Reinhardstein. Weitere Wanderrouten über die Grenze unter www.ostbelgien.eu. Der Naturpark Südeifel verbindet die Eifel mit Luxemburg (www.naturwanderpark.eu).

Museum »EifelTotal«
Woher stammt der Name »Eifel«? Wie lebten die Menschen hier in früheren Zeiten? Fragen zur Region beantwortet die Ausstellung in der Genovevaburg in Mayen. Nebenan kann man in einem rekonstruierten Stollen ein Schieferbergwerk erkunden (wwwmayen.de).

Info
Weitere Informationen zu Ausflügen und Unterkünften gibt die Eifel Tourismus GmbH in Prüm, Tel. 06551 96560, www.eifel.info.

Geister in Blankenheim
Am Karnevalssamstag wird aus dem Erholungsort in der Nordeifel eine äußerst lebendige Geisterstadt. Dann ziehen in weiße Laken gewandete Blankenheimer mit Fackeln und viel Lärm durch das Zentrum. Start ist jedes Jahr um 19.11 Uhr. Ein Brauch, der hier tief verwurzelt ist. Die Tradition reicht mehr als 400 Jahre zurück.

Gipfeltreffen an der Ahr
Die Berge an der Ahr werden rund um Fronleichnam gefeiert. Vier Tage dauert das »Ahrtaler Gipfelfest«, auf vier Bergen sind dann je zwei Wanderungen ausgeschildert (eine kurze, eine längere). Oben gibt es zu essen und zu trinken und Programm. Und beim nächsten Fest sind vier neue Gipfel dran.
www.ahrtal.de

Musik im Kraftwerk
Augen und Ohren werden verwöhnt, wenn im Jugendstil-Wasserkraftwerk Heimbach (erbaut 1905) das Kammermusik-Festival »Spannungen« stattfindet. Die internationalen Musiker spielen dort zwischen riesigen Turbinen. Künstlerischer Leiter des rund einwöchigen Programms im Juni ist der Pianist Lars Vogt.
www.spannungen.de

Starker Auftakt: In den Alpen fließt der Vorderrhein durch eine tiefe Schlucht

Lichtpunkt für Kunstliebhaber: das Arp Museum Bahnhof Rolandseck

Lauschige Ufer: Ganz Basel trifft sich abends am Rhein – etwa auf dem Klybeckquai

Großes Finale: Schon Rotterdams Bahnhof zeigt wegweisende Architektur

Rhein

von der Quelle bis zur Mündung

MUSEEN In Basel begeistern Häuser mit aufregender Kunst

ROMANTIK Wie der Maler William Turner den Mittelrhein erlebte

WASSER Das Rheinheitsgebot: Wie geht es dem Fluss?

WEIN Auf Winzertour durch die rheinhessischen Rebberge

Haben Sie eine MERIAN-Ausgabe verpasst?
Bestellservice: Tel. (040) 2717-1110
E-Mail: sonderversand@jalag.de
oder online bestellen unter
www.merian.de
oder www.einzelheftbestellung.de

Abo bestellen:
Tel. (040) 21031371
E-Mail: leserservice-jalag@dpv.de
oder online unter
shop.jalag.de

Zuletzt erschienen:

Dezember 2020

Januar 2021

Februar 2021

März 2021

April 2021

In Vorbereitung:
Bremen
Deutschland neu entdecken: Ab ans Wasser!
Franken

MERIAN shop

MERIAN Nachbestellservice

*AUCH ALS ENGLISCHE VERSION ERHÄLTLICH

Haben Sie eine Ausgabe verpasst?
Ergänzen Sie Ihre Bibliothek des Reisens.

A
Aachen
Ägypten
Algarve
Allgäu

Alpen
Amsterdam
Andalusien
Augsburg

B
Baden-Württemberg
Barcelona
Berlin *

Bielefeld
Bodensee
Bonn *
Brandenburg
Braunschweig *
Budapest

C
Chiemgau
Cornwall
Costa Rica

D
Deutschland / Kultur erleben
Deutschland / Natur & Genuss
Die Burgenstraße

Donau
Dresden

E
Elsass

F
Fernweh
Finnland
Florenz u. d. Toskana
Florida
Frankfurt & Rhein-Main

Freiburg

G
Gardasee
Georgien

H
Hamburg
Heidelberg *

I
Irland
Island
Israel
Istrien

J
Japan
Jerusalem

K
Kanada
Kappadokien
Kassel *
Katalonien
Köln
Kopenhagen
Kuba

L
Leipzig
Lissabon
London

Lübeck

M
Madrid
Mailand
Mallorca
Mannheim *
Marrakesch
Marokko
Mexiko
München

N
Namibia
Neapel und die Amalfiküste
New York
Nordrhein-Westfalen *

O
Oberbayern
Osnabrück
Ostsee

P
Paris

Passau
Pfalz
Piemont/Turin
Portugal
Prag

R
Rheinhessen
Riga
Rostock *
Rund um die Ostsee

S
Saarland
Sachsen
Sachsen-Anhalt *
Safari in Afrika
Salzburg

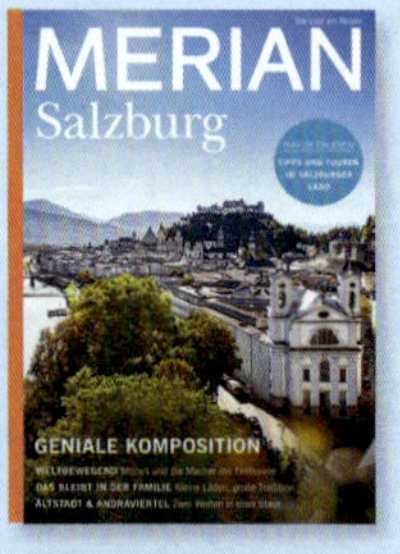

Sardinien
Schleswig-Holstein *
Schottland
Sizilien
Spanien
Sri Lanka
Steiermark
Südafrika
Südschweden
Südtirol
Stuttgart
Sylt
Syrien/Libanon

T
Tansania
Tel Aviv
Teneriffa
Thailand
Thüringen *
Toskana
Trentino
Trier *
Türkei/Schwarzes Meer
Türkische Ägäis

V
Venedig
Vietnam

W
Wien

Bestellservice:

Telefon: 040/27 17 11 10

Oder einfach online bestellen unter **www.merian.de/heft**

MERIAN
Die Lust am Reisen

NEU
LIMITED EDITION
Bitburger Maibock
Süffig und fruchtig-frisch im Geschmack
Bitburger
Bitte ein Bit
MAIBOCK
HOPFIG & FRUCHTIG-FRISCH
16,2 % STAMMWÜRZE • ALK. 6,7 % VOL
Bitte ein Bit
Bitburger
Bitte ein Bit
Im Bitburger STUBBI® (eingetragene Marke der Bitburger Braugruppe)